BLOOD AUTUMN

Poems New and Selected

by

Daniela Gioseffi

AUTUNNO DI SANGUE

translated by

*Elisa Biagini, Luigi Bonaffini, Ned Condini,
Luigi Fontanella, and Irene Marchegiani*

BORDIGHERA PRESS

Library of Congress Cataloguing-in-Publication Data

Gioseffi, Daniela.
  Blood autumn = Autunno di sangue / poems new and selected
by Daniela Gioseffi ; translated by Elisa Biagini . . . [et al.].
       p. cm. -- (VIA folios ; 39)
  ISBN 1-884419-73-9
  I. Title: Autunno di sangue. II. Biagini, Elisa. III. Title.
IV. Series.

PS3557.I54B58 2006
811'.54--dc22
                                                            2005057118

Cover Design by THEA KEARNEY
www.tkmultimedia.com

Printed in the United States.

Published by
BORDIGHERA PRESS
Languages and Linguistics
Florida Atlantic University
Boca Raton, FL 33431

VIA FOLIOS 39
ISBN 1-884419-73-9

*This book is dedicated to my dear
Thea, Peter, and Ellery
with thanks to
Stephen Massimilla, Maurice Edwards,
Anthony Julian Tamburri, and
Lionel B. Luttinger
for their suggestions or encouragement.*

Grateful acknowledgement is made to the editors of the following books, periodicals, and anthologies in which some of the poems in this book first appeared.

PERIODICALS
    Ambit (England)
    Antaeus
    Barrow Street Review
    Chelsea
    Choice
    Confrontation
    Croton Review
    FreeThought Today
    Gradiva
    Journal of the Millay Society
    Kentucky Review
    Manhattan Poetry Review
    Mississippi Review
    The Nation
    The New York Quarterly
    Oxford Magazine
    Paris Review
    Poet Lore
    Poetry East
    Prairie Schooner
    Review of the Poetry Society of America
    VIA
    Virginia Quarterly

ELECTRONIC
    Conspire
    The Cortland Review
    The Drunken Boat
    Octave
    Poetry Bay
    Poets on the Line
    PoetsUSA.com
    RealPoetik
    Riding the Meridian
    Sugar Mule
    World Poetry
    Writers Without Borders.

ANTHOLOGIES

"Sonnets for My Father": *From Totems to Hip Hop. An Anthology of Poetry Across the Americas*, ed. Ishmael Reed, (New York: Thunder's Mouth Press, 2003); *The Viking Book of Italian American Writers*, ed. Regina Barreca (New York: Penguin Viking, 2002); *Unsettling America*, ed. Maria Gillan and Jennifer Gillan (New York: Viking, 1994).

The first stanza of "Beyond the East Gate" was engraved in marble on a wall of the newly renovated 7th Avenue Concourse, Penn Station (2002), next to verses by Walt Whitman and William Carlos Williams. The entire poem, in a different version, first appeared in *The Nation* (1978).

"Unfinished Autobiography": *From the Margin*, ed. Anthony Tamburri, Fred Gardaphe, and Paolo Giordano (West Lafayette: IN: Purdue UP, 2001); under the title, "Lampshades of Human Skin," *On Prejudice: A Global Perspective* (New York: Anchor, Doubleday, 1993).

"Taking the Train to Harmon": *Child & Woman*, ed. Rochelle Rather (New York: Feminist P, 1999).

"Don't Speak the Language of the Enemy": *Women on War: International Writings* (New York: Feminist P, 2003).

"Blood Autumn": *Negative Capability*, winner of the Eve of St. Agnes Award, ed. Sue Walker (Mobile: U of Alabama P, 1992).

"Word Wounds": *Atomic Ghosts*, ed. John Bradley, (Minnesota: Coffee House P, 1995).

"Through the I of the Needle": *The Ardis Anthology of New American Poetry*, ed. David Rigsbee and Ellendea Proffer (Ann Arbor: Ardis P, (1977); *Poems of Death and Suicide*, ed. Lloyd L. Mills, Shelly's Chapbook Series (Ravenna: Ohio UP, 1978).

"The Vases of Wombs": *Rising Tides: 20th Century American Women Poets*, ed. Laura Chester (Washington Square, NY: Simon & Schuster, 1977); *Seasons of Women*, ed. Penelope Washburn (New York: Harper & Row, 1979).

"Some Slippery Afternoon": *We Become New: Poems by Contemporary American Women* (New York: Bantam, Doubleday, 1975); *Literature: Options for Reading and Writing*, ed. D. Daiker (New York: Harper & Row, 1989); *Cries of the Spirit*, ed. Marilyn Sewell (Boston: Beacon P, 1991).

"As When Some Silenced Singer Hears Her Aria": *Sparrow: A Journal of the Sonnet*, ed. Felix Stefanile (West Lafayette IN: Purdue UP, 1996).

TABLE OF CONTENTS

INDICE

I. "Beyond the East Gate"

"I understand the tree, it does not reason . . .
Fawns you have had your day:
the poet now wants to talk to the tree.
— Jules Renard

I. "Al di là della porta dell'est"

Music Is a Child of the Grass

Your skin is translucent in the still air of this room.
Clay is prerogative; eyes are derivative.
We live in the shadows of immense hands
like death that will take our sex away.

Bridal days and wedding nights of grace and youth
and doors opening in women.

Music is a child of the grass
and teaches us the cost of frostbite.
We can't separate the misunderstandings
or wash dishes in the music box.

We talk and spend the word on our burning hands.
A cinder of a joke catches in our throat.
You laugh to hold onto the hurrying waters.
A fern is a fan that resembles a rainbow

and the last ghosts of Indians are asking for food
in the amber waves of dying grain.

La musica è la figlia dell'erba

La tua pelle è traslucida nell'aria ferma della stanza.
L'argilla è prerogativa; gli occhi sono derivativi.
viviamo nelle ombre di immense mani
come la morte che ci porterà via il nostro sesso.

Giorni nuziali e notti matrimoniali di grazia e gioventù
e porte che si aprono in donne.

La musica è la figlia dell'erba
e ci insegna il prezzo del congelamento.
Non possiamo separare i fraintendimenti
o lavare i piatti nello stereo.

Parliamo e usiamo la parola sulle nostre mani brucianti.
Il tizzone di uno scherzo si ferma in gola.
Ridi per trattenere le acque che urgono.
Una felce è un ventaglio che assomiglia a un arcobaleno

e gli ultimi fantasmi degli indiani chiedono del cibo
nelle onde ambrate della grana morente.

Translated by Elisa Biagini

The House

The sky looks more threatening
than in any painting,
and the house that lines your dreams —
the familiar white one, there on the horizon,
is inhabited by wind.

Its windows drift open revealing
the glass in their frames.
You're touched by a cold hand
on the small of your back.

The house responds with creaking.
The snow on the roof is all you're sure of.
You leave the table set with wineglasses.
You're waiting for an important guest.

It's almost too old a dream to worry you —
the stairs creaking, the windows sliding open,
the Chinese shrubbery watching
through the terrace doors.

La casa

Il cielo sembra più minaccioso
di come appare in qualsiasi dipinto
e la casa che fodera i tuoi sogni —
quella bianca che ti è familiare, laggiù nell'orizzonte
è abitata dal vento.

Le sue finestre vagano aperte
il vetro scoperto nelle loro cornici.
Una fredda mano ti sfiora
le fragili spalle.

La casa risponde coi suoi cigolii.
Sei certa solo della neve sul tetto.
Ti allontani dalla tavola apparecchiata.
Stai aspettando un ospite di riguardo.

È fin troppo vecchio un sogno per preoccuparti —
lo scricchiolio delle scale, le finestre scorrevoli
rimaste aperte, le pianticelle cinesi
che guardano attraverso le vetrate del terrazzo.

Translated by Luigi Fontanella

The Young Child

who chattered without stopping
lost among lizards,
leaps in your heart.

When she broke her glass hair-
ribbon all the shops in heaven
closed their doors.

In the silence of the snowy streets,
you hear a sad voice, mature
and cowering, calling
from a nearby alley, warning you.

You place your hand over your mouth
where the silk stitch of her cry
smothers dryly.

La giovane bambina

che chiacchierava senza interruzione
persa tra le lucertole
guizza nel tuo cuore.

Quando ruppe la sua fascia di vetro
dei capelli tutti i negozi del paradiso
chiusero le porte.

Nel silenzio delle strade innevate,
senti una mesta voce, matura
e rannicchiata, che chiama
da una vicina viuzza e ti ammonisce.

Tu ti metti la mano sulla bocca
dove la trafittura di seta del suo grido
seccamente si placa.

Translated by Luigi Fontanella

Susannah to the Elder

Eyes that pierced my nakedness,
invading the privacy of my bath,
did not harm me. They
were innocent as nipples
chilled erect by cold water.

When I see your naked body,
limp genitals lying in your lap,
even though I am far younger,
I feel a mother to you,
what the earth is to a tree.

Don't be afraid. Your aging body
has its wisdom, and I would give my youth
to you, if innocence did not frighten you,
or if you would take my kisses like grapes
to quench your thirst.

But your eyes are frightened,
staring at the purple fruit, bubbled
with the cool sweat of washing,
cupped in the hands I hold out to you.
You see a tiny fetus, glistening red,

curled inside each transparent grape skin.
You cringe, guiltily cover yourself,
as the white teeth in my small red mouth
crush the juice from one.

Susanna al più vecchio

Quegli occhi che trafiggevano la mia nudità,
e invadevano la mia intimità nel bagno,
non mi ferivano. Erano
innocenti come capezzoli infreddoliti
appuntiti per l'acqua fredda.

Quando vedo il tuo corpo nudo,
i molli genitali afflosciati nel tuo grembo,
anche se io sono molto più giovane di te,
sento di esserti madre, così come
lo è la terra verso un albero.

Non aver paura. Il tuo corpo invecchiato
ha la sua saggezza, ed io ti darei la mia
giovinezza, se l'innocenza non ti spaventasse,
o se tu prendessi i miei baci
come degli acini d'uva per dissetarti.

Ma i tuoi occhi sono impauriti,
mentre fissi il frutto porporino, spumoso,
con il freddo sudore del lavaggio,
acciottolata nelle mani mi tendo verso di te.
Tu vedi un minuscolo feto rubizzo,

arrotolato dentro la pelle trasparente di ogni chicco.
Tu ti rannicchi, come sentendoti in colpa,
mentre i miei candidi denti schiacciano
in bocca, tutta arrossandola, il succo di uno.

Translated by Luigi Fontanella

Vases of Wombs

— for *The Venus of Willendorf*

For a long time,
I've thought about this body of mine
with agony, with curiosity, and dreams
of caressing lovers and children.

I've thought about these arms as if they
belonged to an Etruscan priestess, raising
them over her head to pray or protect hunters,
or were handles on the hips of an ancient
Greek vase displayed in the still light of a museum.
I've listened to the blood flowing through them
or crossed them over my breasts to imagine rest.

I've thought about these buttocks,
how they've held me to the earth while others fly
and inhabit high shelves of libraries.
I've thought about these peering nipples,
feelers on a cat's face sensitive to night.

Men accept mead, soma, nectar from my hands,
blood from my womb, fish from my eyes,
crystals from my eardrums, food from my glands.
In return, they try to pierce the heart
that ticks between my thighs
pinning me to the bed like a butterfly.

These arms fly out of themselves to talk to you.
This head becomes small and sightless.
These breasts and buttocks swell
until they're all that's left of me, until
I'm melted into earth and planted as a garden.

Vasi di uteri

— per La venere di Willendorf

Per un lungo tempo,
ho pensato a questo mio corpo
con agonia, con curiosità, e sogni
di amanti e bambini carezzanti.

Ho pensato a queste braccia come se
appartenessero a una sacerdotessa etrusca, che le solleva
sopra la testa per pregare o proteggere i cacciatori,
o erano maniglie sulle anche di un antico
vaso greco esposto nella ferma luce di un museo,
ho prestato ascolto al sangue che fluiva attraverso di esse
o incrociate sui miei seni per immaginare il riposo.

Ho pensato a queste natiche,
come mi hanno tenuta a terra mentre altri volavano
e abitavano gli alti scaffali delle biblioteche.
Ho pensato a questi capezzoli che sbucano,
antenne sul volto di un gatto sensibile alla notte.

Gli uomini accettano idromele, soma, nettare dalle mie mani,
sangue dal mio utero, pesci dai miei occhi,
cristalli dai miei timpani, cibo dalle mie ghiandole.
In contraccambio, tentano di forare il cuore
che batte tra le mie cosce
immobilizzandomi al letto come una farfalla.

Queste braccia volano via da se stesse per parlarti.
Questa testa diventa piccola e senza vista.
Questi seni e natiche si gonfiano
finché sono l'unica cosa che resta di me, finché
sono sciolta nella terra e piena di piante come un giardino.

Translated by Elisa Biagini

The Sea Hag in the Cave of Sleep

For all the bold and bad and bleary
they are blamed, the sea hags.
— James Joyce, *Finnegans Wake*

Words whirl her round in pools.
I cling by my teeth, grinding mountains.
She floats. I scream. She drops
through an eternity of light.
She floats again. I fall
calling for animals to warm her,
pleading with trees to feed me.

Darkness fills her like a carbohydrate.
Ponds ooze; crickets drone in black space.
A snake slides over a rock;
a seed is dragged to another grave.
Human voices hum behind the stones;
a vast, lonely conscience
strains to give itself a name.

The cave of sleep opens as she spreads her legs.
The father enters the iridescent dark
from which he came.
Blocks of ice fall from his aging flesh. She turns to him
to marry him and be his mother again.
When she turns again
she is his son. The shine of his skin slides
down her throat. Seaweed glides through my limbs.
Kisses.
Kisses. Land and water come together
in the mud of our lips
crawling with tongues that give touch to words.
He swims into me in clouds of semen.
Babies cry in our mouths. We float from the warm well
in aboriginal kisses.

La vecchiaccia marina nella grotta del sonno

For all the bold and bad and bleary
they are blamed, the sea hags.
— James Joyce, *Finnegans Wake*

Parole la rigirano a gorghi.
Io sto aggrappata ai denti e macino montagne.
Lei galleggia. Io grido. Lei precipita
attraverso un'eternità di luce.
Torna a galleggiare. Io cado
mentre richiamo animali per scaldarla,
e prego gli alberi di nutrirmi.

     Il buio la riempie come carboidrati.
     Laghi fluiscono; grilli ronzano nello spazio nero.
     Una serpe scivola sopra una roccia;
     un seme è trascinato in un'altra tomba.
     Voci umane canticchiano dietro le pietre;
     una coscienza vasta e solitaria
     cerca di darsi un nome.

Si apre la grotta del sonno mentre lei allarga le gambe.
Entra il padre nel buio iridescente da dove venne.
Cadono blocchi di ghiaccio dalla sua carne invecchiata.
                  Lei si rivolge a lui
per sposarlo ed essergli madre di nuovo. Quando si volta ancora
lei è suo figlio. Lo splendore della sua pelle le scivola
giù in gola. Alghe marine mi scorrono negli arti.
     Baci.
Baci. Terra e acqua si ricongiungono nel fango
     delle nostre labbra
e strisciano con lingue che offrono un tocco alle parole.
Nuota lui dentro di me in nuvole di seme.
Bimbi piangono nelle nostre bocche. Noi galleggiamo sul pozzo caldo
in baci primitivi.

Lizards nestle in bushes
hurting and loving leaves;
sea birds peck at tortoise shells.
She feels how wet the earth is,
nearly all water.
Since she first bled
there's been a passion finer
than lust, as if everything living were
moist with her.
She knows the language of leaves
as an animal blessed with it.

In the trees is a clue to everything
and a happy one, like the genesis
of estrogen. Ever since
the first woman bled, plants cry when
animals are murdered; hands think
as bees emoting sweet sweat;
apples are made for eating;
even mathematics is glandular;
an algebra of feelings.
Only wars are waged
in the guise of pure perception
as though flesh were an alloy of aluminum,
or an isolated element.

She takes off her dress;
she lifts off her breasts;
she has a talk with the sparrows
who inhabit my chest.
She is divided by contrary loves I have taken in.
When I open her legs a river of contradiction
        flows from me.
Her limbs are estuaries rippling toward my stomach.
She drowns inside myself
longing for a god to speak to her from her lover's
        tongue,
as they explode together in whirlpools
        of sperm and ova
spinning against the silence.

Le lucertole si nascondono nei cespugli
feriscono e amano le foglie;
    uccelli marini beccano i gusci delle tartarughe.
Lei sente com'è bagnata la terra,
quasi tutta d'acqua.
Da quando sanguinò la prima volta
c'è stata una passione più sottile
del desiderio, come se tutto ciò che vive fosse
        umido di lei.
Lei conosce la lingua delle foglie
come un animale benedetto da essa.

Fra gli alberi c'è la chiave d'ogni cosa
e felice, come una genesi
d'estrogeni. Fin da quando
sanguinò la prima donna, le piante piangono quando
si uccidono gli animali; le mani pensano
come api che trasudano emozioni e sudore dolce;
le mele sono fatte per mangiarle;
perfino la matematica è questione di ghiandole:
un'algebra dei sensi.
Solo le guerre si intraprendono
sotto un'apparenza di pura percezione
come se la carne fosse una lega d'alluminio
o un elemento isolato.

Lei si toglie il vestito;
si solleva i seni;
conversa con i passeri
che mi abitano in petto.
È divisa fra amori contrari che ho accolto in me.
Quando apro le sue gambe un fiume di contraddizioni scaturisce
        da me.
I suoi arti sono estuari che s'increspano lungo il mio stomaco.
Annega lei dentro di me
mentre con ardore desidera un dio che le parli nella lingua
        del suo amante,
mentre insieme esplodono in gorghi di sperma e ovuli
e ruotano contro il silenzio.

When the baby came down out of her,
it felt thick between my lips,
squeezing out erect life. Its belly
passed her clitoris as it came with
its cries of semen squirting from me.
As its toes slid out,
I was female again.

A vast landscape accepts her with silence
as if it were my private garden
to gather stones from her sleep.
The phantom of age descends the staircase!

In the middle of the afternoon,
when light is blinding,
I am looking for a man with arms,
          tree-trunks,
fingers, branches to turn her nipples
green as spring buds. She waits outside my-
self, for him to welcome her in.
Or is it sleep, a peace deep as death,
she wants from him?
She puts on feathers like a bird
or a chorus girl. He can't know which.

If he comes to her bed,
she'll be an orgasm of birds singing in wet leaves.
The mouth of my dream will be open forever.
I'll burst with a child, time hurdled from her throat.
She will paint a song beneath my eyelids
to sing into his sighs:

> *Down by the water*
> *silver-haired witches are dancing,*
> *down by the water,*
> *tossing their curls.*
> *Their breasts are eyes .*
> *from which the sea rises.*
> *In their mouths the sea cries.*
> *They are kicking the sand*
> *made from our bones.*
> *Silver-haired witches*

Quando le uscì il bambino da dentro,
ho sentito fra le labbra qualcosa di denso
che spremeva una vita eretta. Il suo ventre
passò la clitoride mentre veniva con
gridi di seme che schizzava da me.
Mentre i suoi piedi scivolavano,
io ridivenni donna.

Un vasto paesaggio l'accetta in silenzio
come fosse un mio giardino privato
a raccogliere pietre dal suo sonno.
Scende le scale il fantasma dell'età!
In mezzo al pomeriggio,
quando la luce acceca,
io cerco un uomo con le braccia,
            tronchi d'albero,
dita, rami per far diventare verdi i suoi capezzoli
come boccioli di primavera. Lei aspetta fuori
da me che lui l'accolga.
È sonno o una pace profonda come la morte,
che lei vuole da lui?
Si ricopre di piume come un uccello
o una ballerina di fila. Lui non sa quale.

Se lui va nel suo letto,
lei sarà orgasmo d'uccelli che cantano su foglie bagnate.
La bocca del mio sogno sarà aperta per sempre.
Scoppierò io ricolma d'un bimbo, con il tempo lanciato dalla sua gola.
Lei dipingerà una canzone sotto le mie palpebre
per cantarla dentro ai suoi sospiri:

Laggiù vicino all'acqua
danzano streghe dai capelli d'argento,
laggiù vicino all'acqua,
scuotendo le chiome.
Il loro seni sono occhi
da cui si leva il mare.
Piange il mare nelle loro bocche.
Scalciano la sabbia
ricavata dalle nostre ossa.
Streghe dai capelli d'argento

down by the water,
singing and dancing,
playing with bones.

We take for each other
the place of absent gods.
We bargain for the eyes of fish
to swim in an underground stream
longing for no death.

These are our plum pits,
petrified and strung
These are our beetles gleaming in coal.
We have come shining in ice from mud
trailing seaweed in our wings of bone.

We read; we write books;
from the deep spring of orgasm flowing in the flesh,
we erupt in cataleptic fits
as faith from the insane.
We will invent love until the sea closes in.

The phantom of age ascends the staircase;
a vast landscape accepts me with silence;
I gather stones from her sleep.

She has knitted him a shawl
and come to the frayed ends of history.
His fingers are no longer primal myths kneading her.

Sea and shore mix in one giant sex.

In the index of my womb, I find her face .
She is no spider queen after all,
She is a green beast with arms of sorrow .

Her whole body is a phallus.

I came out from between my own legs
into this world.

laggiù vicino all'acqua,
cantano e danzano,
giocano con le nostre ossa.

A vicenda occupiamo
il posto degli dei assenti.
Veniamo a patti perché gli occhi dei pesci
nuotino in un ruscello sotto la terra
con il desiderio di non morire.

Questi, i nostri noccioli di prugna,
pietrificati e tesi.
Questi, i nostri scarabei che brillano in mezzo al carbone.
Siamo arrivati splendenti nel ghiaccio dal fango
trascinando alghe marine con le nostre ali d'ossa.

Leggiamo; scriviamo libri;
scorrendo nella carne dalla profonda sorgente dell'orgasmo,
erompiamo in attacchi catalettici
come la fede dai folli.
C'inventeremo l'amore finché il mare ci avvolgerà.

Il fantasma dell'età sale le scale;
un vasto paesaggio mi accetta in silenzio;
raccolgo pietre dal suo sonno.

Lei gli ha fatto uno scialle
e viene ai bordi sfilacciati della storia.
Le dita di lui non sono più miti primordiali che la manipolano.

Il mare e la sponda si rimescolano in un sesso gigante.

Nell'indice del mio grembo trovo il suo viso.
Dopotutto, lei non è regina dei ragni.
È un animale verde con braccia di dolore.

Il suo corpo è tutto un fallo.

Io venni a questo mondo
dalle mie stesse gambe.

Translated by Irene Marchegiani

I listen to the voice of the cricket,
loud in the quiet night,
warning me
not to mistake a hill for a mountain.

Leave me alone,
in a house with doors that open only outward,
safe from strangers who smell of death,
where I can draft a universe under my eyelids
and let nothing invade it.

Sing me a fugue
like the genius of flowers
talking to leaves on their stems,
Let me contain more aspiration
than even the dance of a child in my uterus.

I sense a lost and primitive priestess
wandering in a walled city of the wrong century.
I need to spend thirty years in the desert
before I will understand the sun,
forty years at sea
to gather the blessing of salt and water.

In the back room of my skull
a secret dice game determines
the rites of my hands
before they touch flesh again.

Give me a serenity I've never known,
make me an old woman who is young,
a child who is a sage
come down from the mountain.

Al di là della porta dell'est

Ascolto la voce dei grilli,
sonora nella quiete della notte,
mi avverte
di non scambiare colline per montagne.

Lasciatemi stare,
in una casa con le porte che si aprono solo all'esterno,
al sicuro da estranei che sanno di morte,
là dove posso disegnare un universo sotto le mie palpebre
e lasciare che niente l'invada.

Cantatemi una fuga
come il genio dei fiori
che parla alle foglie sui loro steli.
Lasciate che io contenga in me più desideri
d'una danza di bimbo nel mio grembo.

Avverto una sacerdotessa primitiva e persa
che s'aggira fra le mura d'una città d'un secolo sbagliato.
Dovrei passare trent'anni nel deserto
prima di capire il sole,
quarant'anni sui mari
per accogliere la benedizione d'acqua e di sale.

Nella stanza in fondo alla mia mente
un gioco segreto di dadi decide
i riti delle mie mani
prima che tocchino di nuovo la carne.

Datemi la serenità che non ho conosciuto mai,
fate di me una vecchia che è giovane,
una bambina che è saggia,
fate che io scenda giù dalla montagna.

Translated by Irene Marchegiani

A lost love leaps from the fire of my brow.
I zipper him away.
I can't feed bears to angels.
Angels are not there.

Goodbye, my friends,
you've all turned into keyholes.
I'm no different from a camel or a tiger.
My ears bark at candles.
I try to burn all of Keats in the ashtrays.

Though I remember only the rhythm of his speech,
I carve a pear from memory
trying to bite his face into it.
Somewhere sand curves down into the pampering sea.
I think of all the rain
falling backwards toward the birth of money.

Chopin's Nocturnes bind my chest with wires.
A true lover that doesn't exist
tiptoes toward me, a thousand genitalia protrude
or gape from it.

It raises its head.
Its eyes are mirrors
arranged to reflect mirrors in me.
It opens its mouth,
revealing glass tongues coated with silver.

I feed it spittle from my mouth
and it sings an ancient lullaby
audible only to the trees.

Calde chiavi

Un amore perduto mi rimbalza dalla fronte infuocata.
Lo caccio via.
Non poso nutrire orsi per angeli.
Qui non ci sono angeli.

Addio, amici,
siete diventati tutti buchi di serratura.
Non sono diversa da un cammello o da una tigre.
Le mie orecchie esplodono di fronte alle candele.
Cerco di bruciare ogni Keats nei posacenere.

Benché io ricordi solo il ritmo del suo parlare,
io affetto una pera dalla memoria
cercando di addentarne la faccia.
Da qualche parte la sabbia svolta giù nel benefico mare.
Penso a tutta la pioggia che cade all'indietro
verso la nascita del danaro.

I Notturni di Chopin mi legano il petto
con dei fili metallici. Un vero amante
che non esiste cammina in punta di piedi verso di me,
migliaia di genitali spuntano da lui
o guardano a bocca aperta.

Alza la sua testa.
I suoi occhi sono specchi che riflettono specchi
dentro di me. Apre la sua bocca,
che rivela lingue di vetro
rivestite d'argento.

Lo nutro con il mio sputo
e canta un'antica ninna-nanna
che solo gli alberi possono udire.

Translated by Luigi Fontanella

II. "SOME SLIPPERY AFTERNOON"

The future of religion
is in the mystery of touch.
— D.H. Lawrence, *The Escaped Cock*

II. "UN POMERIGGIO CHE TI SCIVOLA VIA"

The Ruby Throated Hummingbirds Are Gone

They've flown south,
and one great egret fishes the pond
as broad-winged hawks begin their migrations —
kenneling on thermal currents of wind
off above yellowing mountains.
Now, snake weed blooms along the trail choking
white and purple asters. A few bleeding
leaves fall amidst wilting greenery. Poison
ivy turns red with warning.

My ninety-year-old mother still argues
with my father, twenty years dead. Their hatred
reverberates in a back room
of my head, rattling recollections
                    of a lonely childhood.

Their loathing for each other
colors all my days. I loved him,
because he loved me best, but I look
like her. My face and spirit tear
                    at each other.
I am the child of hate.

Weeds sprout
from watery depths,
        uncultivated,
                flowers, white
                        and purple, bloom,
even in these days of dying
                leaves.

Beyond winter,
            no one
                grieves.

I colibrì dalla gola rubino se ne sono andati

Sono volati a sud,
e una magnifica egretta pesca nello stagno
mentre falchi dalle grandi ali iniziano le migrazioni —
portati da correnti termali
su per monti che si stanno indorando.
Ora, la serpentina malerba fiorisce lungo il sentiero e soffoca
astri porpora e bianchi. Alcune foglie sanguinanti
cadono sul verde che langue. L'edera velenosa
si fa rossa in ammonimento.

Mia madre novantenne litiga ancora
con mio padre, morto da vent'anni.
Il loro odio rimbomba in una retrostanza
della mia testa, sonagliando ricordi
di un'infanzia solitaria.

Il loro reciproco disgusto
colora tutti i miei giorni. Io amavo lui
perché lui amava me più di tutti, ma io
sembro tutta lei. Il mio volto e il mio spirito
     fanno a pugni.
Sono la figlia dell'odio.

Una malerba spunta
da acquatiche profondità,
     non coltivata,
          fiori, bianchi
               e porpora, fioriscono
persino in questi giorni
          di foglie morenti.

Al di là dell'inverno,
          nessuno si
               tormenta.

Translated by Ned Condini

"Don't Speak the Language of the Enemy"

reads the poster at the end of a grey alleyway of childhood
where the raggedy guineas of Newark
whisper quietly in their dialects on concrete steps
far from blue skies, olive groves or hyacinths.

Bent in a shadow toward the last
shafts of sunlight above tenement roofs,
Grandpa Galileo sadly sips homemade wine
hums moaning with his broken mandolin.

Children play hide-and-seek
in dusty evening streets as red sauce simmers,
hour after hour, on coal stoves,
garlic, oil, crushed tomatoes blended
with precious pinches of salt and *basilico* —
a pot that must last a week of suppers.

The fathers' hands with blackened finger nails, are worn
rough with iron wrought, bricks laid, ditches dug, glass etched.

Wilted women in black cotton dresses wait in twilight,
calling their listless children to scrubbed linoleum kitchens.
In cold water flats with tin tables, stale bread is ladled with sauce,
then baked to revive edibility. Clothes soak in kitchen laundry-tubs,
washboards afloat. Strains of radio opera are interrupted by
war bulletins.

The poster pasted on the fence at the end of the block
streaked with setting sun and rain reads:
"DON'T SPEAK the LANGUAGE of the ENEMY!"

But, the raggedy guineas can speak no other,
and so they murmur in their rooms in the secret dark frightened

"Non parlate la lingua del nemico!"

legge il manifesto alla fine d'un grigio vicolo d'infanzia
dove gli straccioni italiani di Newark
sussurrano piano nei loro dialetti sui gradini di pietra
lontani da cieli azzurri, oliveti o giacinti.
Piegato come un'ombra verso gli ultimi
raggi di sole sui tetti del casamento,
nonno Galileo sorseggia triste vino fatto in casa
canticchia un lamento col suo mandolino rotto.
Ragazzini giocano a nascondino
per le strade polverose, la sera, mentre bolle il sugo,
ore e ore, sulle stufe a carbone,
aglio, olio, pomodori schiacciati mescolati
a prese preziose di sale e basilico –
una pentola che deve durare per tutte le cene d'una settimana.
Le mani del padre, con le unghie annerite, sono consumate
ruvide per i lavori col ferro, i mattoni uno sull'altro, le fosse scavate,
                                                    i vetri molati.

Donne avvizzite nei vestiti di cotonina nera aspettano nel crepuscolo,
chiamano i figli svogliati dentro le cucine di linoleum ben strofinate
Nei bassifondi con solo acqua fredda, sui tavolini di lamiera, si
                                    scodella pane raffermo e sugo,
poi ricotto per farlo commestibile di nuovo. I vestiti stanno a
                                    bagno in cucina nei catini,
galleggiano le assi per lavare. Le note d'opera alla radio sono
                                    interrotte dai bollettini di guerra.

Sul manifesto incollato sul muro in fondo all'isolato
rigato dal sole al tramonto e dalla pioggia si legge:
"NON PARLATE la LINGUA del NEMICO!"

Ma gli italiani straccioni non ne parlano un'altra,
e così sussurrano nelle loro stanze nel segreto del buio impauriti

of the *camps where people like them are imprisoned
in the new land of golden opportunity. They whisper of Mussolini's
stupidity — stifling the mother tongue, wounding the father's pride.
urging their children to speak English by daylight,
telling each other, "We are Americans. God bless America!"

---

*It's a little remembered fact that there were concentration camps for
Italian immigrants in the United States during World War II, similar to
those in which Japanese immigrants were incarcerated. 600,000 Italian
immigrants were detained in detention camps compared to 120,000
Japanese immigrants.

dei *campi d'internamento dove è messa in gabbia la gente
come loro
in questa nuova terra dalle occasioni d'oro. Bisbigliano di
Mussolini
e la sua stoltezza — soffocano la lingua madre, offendono
l'orgoglio del padre,
spingono i figli a parlare inglese di giorno,
si dicono l'un l'altro: "Siamo americani. Dio benedica l'America!"

Translated by Irene Marchegiani

---

*Di rado si ricorda che, durante la seconda guerra mondiale, negli Stati Uniti c'erano campi di internamento d'immigrati italiani simili a quelli in cui furono rinchiusi gli immigrati giapponesi. 600.000 immigrati italiani furono internati rispetto ai 120.000 giapponesi.

American Sonnets for My Father

— for Donato 1906–1981,
written in Edna St.Vincent Millay's studio,
Steepletop, NY, Nov., 1981

1.

You died in spring, father, and now the autumn dies.
Bright with ripe youth, dulled by time,
plums of feeling leaked red juices from your eyes,
blood hemorrhaged in pools to still your quivering mind.
At forty, I climb Point Pinnacle, today,
thinking of you gone forever from me.
In this russet November woods of Millay,
I wear your old hat, Dear Italian patriarch, to see
if I can think you out of your American grave
to sing your unwritten song with me.
I carry your silenced poetry with your spirit.
I take off your old black hat and sniff at it
to smell the still living vapor of your sweat.

2.

You worked too hard, an oldest child of too many,
a thin boy in ragged knickers, you limped
through the 1920s up city steps, door to door
with your loads of night and daily newspapers, each worth
a cheap labored penny of your family's keep.
You wore your heart and soles sore. At forty,
not climbing autumn hills like me, you lay with lung disease
strapped down with morphine, hearing your breath
rattle in your throat like keys at the gates of hell.
Your body was always a fiend perplexing your masculine will.
You filled me with pride, and immigrant tenacity. Slave
to filial duty, weaver of our dreams, you couldn't be free
to sing. So be it. You are done, unfulfilled by song except in me.
If your dreams are mine, live again, breathe in me and be.

3.

You never understood America's scheme.
Your wounded dream, father,

Sonetti americani per mio padre
— per Donato: 1906–1981,
scritti nello studio di Edna St. Vincent Millay,
Steepletop, N.Y., Nov.1981

1.

Moristi di primavera, padre, e adesso l'autunno muore.
Vivido di compiuta giovinezza, opacato dal tempo,
prugne di affetto gocciavano dai tuoi occhi rosse essenze,
sangue emorragiato in polle a calmare la tua trepida mente.
A quarant'anni oggi salgo Point Pinnacle
pensando a te che mi hai lasciata per sempre.
In questi boschi di Millay, novembrini, rugginosi,
sfoggio il tuo vecchio cappello, caro patriarca Italiano,
per vedere se posso pensarti fuori della tua tomba americana
a cantare con me la tua mai scritta canzone.
Col tuo spirito reco la tua poesia fatta muta.
Mi tolgo il tuo vecchio cappello e lo annuso
per odorare il sudore che esala, ancora vivo.

2.

Lavoravi come un mulo, il maggiore di troppi figli, un magrolino
in zuava frusta che negli Anni Ruggenti zoppicava
su per i gradini della city, di porta in porta con carichi
di giornali del mattino e serali, ciascuno contato
un misero soldo sudato per mantenere la famiglia.
Ti logorasti il cuore e le suole. A quarant'anni, non salendo
colli d'autunno come me, fosti colpito da malattia ai polmoni,
immobilizzato dalla morfina, sentendo il tuo respiro
striderti in gola come chiavi alle porte dell'inferno.
Il tuo corpo fu sempre un briccone impastoiante il tuo volere di
maschio.
Mi riempisti di orgoglio e tenacia di immigrante. Schiavo
di pietà filiale, tessitore dei nostri sogni, non potevi aver agio
di cantare. E va bene. Hai concluso, adempiuto nel canto solo in me.
Se i tuoi sogni sono miei, vivi di nuovo, respira e esisti in me.

3.

Tu non capisti mai la trama americana.
Il tuo sogno ferito, padre, non guarirà mai

will never heal in me, your spirit mourns forever
from my breath, aches with childhood memory,
sighs for my own mortality in you,
which I, at last accept
more completely than ever when we
laughed together and seemed we'd go on forever —
even though we always knew
you would die much sooner than I
who am your spirit come from you.
Remember, "a father lost, lost his!" you told us,
preparing us with Shakespearean quotation
and operatic feeling for your inevitable death.

4.

Good night, go gently, tired immigrant father
full of pride and propriety. We, your
three daughters, all grew
to be healthier, stronger, more American than you.
Sensitive father, I offer you this toast,
"I've never known a braver man!" No empty boast.
The wound that will not heal in me
is the ache of dead sensibility.
Once full of history, philosophy, poetry,
physics, astronomy, your bright, high-flying psyche
is now dispersed, set free from your tormented body,
but the theme you offered, often forlorn,
sheer luminescent soul, glistened with enough light
to carry us all full-grown.

in me, il tuo spirito per sempre si lamenta
dal mio respiro, geme di memorie d'infanzia,
sospira in te per la mia mortalità
che infine accetto più completamente che mai
di quando si rideva insieme
e pareva che non avremmo mai smesso —
anche se sapevamo tutto il tempo
che tu saresti morto molto prima di me
che sono il tuo spirito proveniente da te.
Ricorda, "un padre perso, perse il suo!" ci dicevi,
preparandoci, con citazioni da Shakespeare
e magia operatica, alla tua inevitabile morte.

4.

Buona notte, viaggia remissivo, stanco padre immigrante
pieno di correttezza e orgoglio. Noi, le tue
tre figlie, crescemmo tutte
più sane, più forti, più americane di te.
Padre vulnerabile, ti offro questo brindisi, "Non ho mai
conosciuto un uomo più coraggioso!" Non futile vanto.
La ferita che in me non si chiude
è la pena di una sensibilità svanita.
Ricca una volta di storia, filosofia, poesia, fisica,
astronomia, la tua psiche-chiarore in volo spiegato
è ora scomparsa, liberata dai tormenti del corpo,
ma il tema che tu porgesti, spesso disperato,
anima puro raggio, baluginava con luce sufficiente
per sospingerci a piena maturità.

Translated by Ned Condini

Always Forgetting

I think of what I want to tell you —
recalling your face, sad eyes, ear-ringed ears,
happy lips, hands as they moved stirring,
or crocheting, sewing, knitting.

Always forgetting,
I start to speak to you
in my head. A cyclical
sorrow, corporal as my flesh, wells —
a small ocean rocks in my ribs,
so that I pause with all I would
tell you afloat in my throat —

my abandoned song sails in dark.
I push on, carrying a searing sea,
floating moon in my ribs. Grief
in my astonished stare; body
from which I came, gone upon the air,
I'm lost somewhere with you —

your orphaned child — lips pursed
with what she yearns to tell you,
always forgetting, over and again,
Mother, you are
          ashes flown upon the wind.

Dimentico sempre

Penso a cosa voglio dirti —
ricordando il tuo volto, gli occhi tristi, le orecchie con gli orecchini,
le labbra felici, le mani che si muovevano e mescolavano,
lavoravano a maglia, all'uncinetto, cucivano.

Dimentico sempre
e comincio a parlarti
dentro di me. Erompe una tristezza
ciclica, fisica come la mia carne —
un piccolo oceano mi vibra fra le costole,
così che indugio con tutto
quel che vorrei dirti e che mi resta a galla nella gola —

la mia canzone abbandonata veleggia al buio.
Vado avanti, trascinando un mare che brucia,
una luna che mi galleggia fra le costole. Dolore
nel mio sguardo stupito; il corpo
da cui sono venuta, svanito nell'aria,
sono persa chissà dove insieme a te —

la tua orfana figlia — le labbra contratte
per quello che mi struggo per dirti,
ancora e di nuovo dimentico,
Madre, che sei
cenere volata via col vento.

Translated by Irene Marchegiani

What Does It Mean to Die of AIDS in Africa

— for Dennis Brutus

1.
The heart cracks with the lungs
when they go the way of death
and the mind knows the body's done.

Nadisha says: "My grandmother tells me our village
lived with the antelope on wild fruits
that grew along the clear stream.
We followed the rhinoceros to the river
when the streams ran dry, but always
in spring the river hurried big and clean again
before Chevron and Shell came
to steal poison from our land, kill our shrubs,
make our water stink with death."

"My grandmother tells me before disease cursed our flesh,
we loved each other without fear or regret.
She says life was like good water at sunset,
after she'd gathered berries and our men, home
from the hunt, built fires and ate with us.
Only once did drought scare us with thirst,
but that was the fault of gods, not men."

"My mother said: 'Our soldiers carry American guns,
and say 'AIDS comes from women who are witches,'
She works at the clinic now over run.
'It's more the other way around,' she says.
I know, because a solder surprised me with his AIDS
when he caught me picking berries one day.
Now, I wait for my lungs to crack as I go
the way of death." Nadisha looks down
into the stagnant stream with oily ooze
gathering like clots of blood.

2.
And, what does it mean to be an American
when there is so much AIDS in Africa and my city's ghettos

Cosa significa morire di AIDS in Africa
— per Dennis Brutus

1.
Il cuore s'incrina con i polmoni
quando vanno verso la morte
e la mente sa che il corpo è finito.

Nadisha dice: "La mia nonna mi dice che il nostro villaggio
viveva con le antilopi di frutti selvatici
che crescevano lungo il limpido ruscello.
Noi seguivamo i rinoceronti fino al fiume
quando si seccavano i ruscelli, ma sempre
in primavera il fiume scorreva un'altra volta grande e lustro
prima che Chevron e Shell venissero
a rubare il veleno dalla nostra terra, ad uccidere i nostri cespugli,
a far puzzare a morte la nostra acqua."

"La mia nonna mi dice che prima che la malattia affliggesse la
                                                    nostra carne
ci amavamo senza paura o rimpianto.
Dice che l'acqua era come acqua buona al tramonto,
dopo che aveva raccolto le bacche e i nostri uomini, tornati
dalla caccia, accendevano fuochi e mangiavano con noi.
Solo una volta la siccità ci ha spaventato con la sete,
ma fu colpa degli dei, non degli uomini."

"Mia madre diceva: "I nostri soldati portano armi americane,
e dicono "L'AIDS viene da donne che sono streghe."
Ora lavora in una clinica gremita.
"Piuttosto è il contrario," dice.
Lo so, perché un soldato mi sorprese con il suo AIDS
quando un giorno mi trovò a raccogliere bacche.
Ora aspetto che mi si rompano i polmoni mentre vado
verso la morte." Nadisha guarda giù
nel ruscello che ristagna con il liquame di petrolio
rappreso come grumi di sangue.

2.
E cosa significa essere americani
quando c'è tanto AIDS in Africa e nei ghetti della mia città

and I know that my president says he will give
three billion to help the pandemic while he calls Africa,
"A *nation* of terrible diseases,"
— not even knowing the vast continent of varied miners,
architects, farmers, poets of many cultures —
and I know my president is really giving three billion of our taxes
to his giant campaign contributor, Eli Lilly,
for high-priced drugs for Africa —
which could be bought much cheaper from elsewhere
— and the money is a loan through the World Bank
                              at high interest.

What does it mean to be an American
and know that Africa is a vast continent of rich resources
that your president calls "a nation of terrible diseases?"
as he campaigns for his false election with photo ops.

Dennis Brutus knows why Mandela flies from Africa
as Bush arrives with his lies. Mandela calls our president
"a boy who can't think well," as his audience of Africans laughs
about "the white man's burden," knowing too well
that it's always been the black man's burden,
so heavy that no frat boy could carry it.

3.
How will it feel when Nadisha's lungs crack
and her mind fractures with them —
as she spits blood into Chevron's filthy ooze
and her heart thirsts with agony?

Will it feel like fire burning in her belly
or blame boiling in ours
as the once richest continent on Earth
expires into "a nation of terrible diseases?"

e io so che il mio presidente dice che darà
tre miliardi per aiutare la pandemia mentre chiama l'Africa
"Una nazione di orribili malattie."
— senza nemmeno conoscere il vasto continente di tanti minatori,
architetti, contadini, poeti di tante culture —
e io so che il nostro presidente sta veramente dando tre miliardi
delle nostre tasse
a Eli Lilly, che ha contribuito enormemente alla sua campagna
elettorale,
per farmaci costosissimi in Africa —
che si potrebbero comprare a molto più buon mercato altrove.
— e i soldi sono un prestito ottenuto tramite la Banca Mondiale
ad alto interesse.

Cosa significa essere americani
e sapere che l'Africa è un vasto continente con ricche risorse
che il tuo presidente chiama "una nazione di orribili malattie?"
Mentre conduce la campagna per la sua falsa elezione mettendosi
in posa per i fotografi?

Dennis Brutus sa perché Mandela vola dall'Africa
mentre Bush arriva con le sue menzogne. Mandela chiama il
nostro presidente
"un ragazzo che non riesce a pensare bene," mentre il suo
pubblico di africani ride
del "peso dell'uomo bianco," sapendo bene
che è sempre stato il peso dell'uomo nero,
troppo grande per qualsiasi studentello.

3.
Come sarà quando i polmoni di Nadisha si rompono
e la sua mente si spezza insieme a loro —
mentre sputa sangue nel sozzo liquame di Chevron
e il suo cuore assetato è in agonia?

Sarà come se un fuoco bruciasse nella sua pancia
o la colpa bollisse nella nostra
mentre il continente che una volta era il più ricco della Terra
si riduce a "una nazione di orribili malattie?"

Translated by Luigi Bonaffini

If You Could Keep Only One
Small Purse of Things —

there would be your daughter's picture in a locket,
your husband's shirt with his smell nestled into it ,
your immigrant father's Phi Beta Kappa key,
some dried sprigs of lavender to sniff
                    from your dead mother's garden,
and the skull of a woodpecker to remind you how
delicate bones were designed to be strong. There's so much
you could live without. And sometimes you feel
that even your memories belong
to those you love more than you,

as if their thoughts were really yours
after years of knowing you,
and when they die, they will take with them,
with them bit by bit, valuables you wanted to keep,
inside, thoughts you didn't know you had; those strangers
whose hands slipped into yours and made you know
that being was an affair of fragile flesh,
that could be exquisite, even safe at times.

Still, time slowly steals all we need.
Finally, there's almost nothing left.
So, some of us choose to give away
even our great grandmother's silver mirror
                    dug from her wilted garden,

and all our spare eyeglasses to charity. Even the bloody
pockets in our hearts — even the very ghostly driver
the end of all our memories finally arrives as,
because —

because we cannot
stop for death,
he kindly stops for us.

Se tu potessi tenere solo
una piccola borsa delle tue cose

lì ci sarebbe la foto di tua figlia in un medaglione,
la camicia di tuo marito intrisa del suo sudore,
la chiave Phi Beta Kappa di tuo padre emigrante,
qualche ramo secco di lavanda da annusare
rubato dal giardino di tua madre,
e il cranio di un picchio per ricordarti
come delle ossa delicate furono progettate per essere forti.
C'è così tanto di cui potresti fare a meno. E talvolta
senti che perfino i tuoi ricordi appartengono
a coloro che tu ami più di te stessa,

come se i loro pensieri fossero davvero i tuoi
dopo anni che ti conoscono,
e che, una volta morti, loro si terranno con sé
pezzo per pezzo, beni che tu volevi mantenere
dentro di te, pensieri che ignoravi di avere,
a te estranei, le cui mani scivolavano nelle tue
e che ti fecero capire che esserci era una faccenda di fragile carne,
che a volte poteva essere stupenda, e talora perfino sicura.

Pure, lentamente il tempo ruba tutto ciò di cui abbiamo bisogno.
Alla fine non resta più nulla.
Così, alcuni di noi decidono di dar via
persino lo specchio d'argento della nostra bisnonna
scavato dal suo avvizzito giardino,

e poi tutti quegli occhiali da vista avanzati e dati in beneficenza.
Perfino le tasche insanguinate nel nostro cuore — persino lo
                                        spettrale autista
la fine di tutti i ricordi ci raggiunge
perché —

perché non ci possiamo fermare
di fronte alla morte,
è lei che gentilmente ci ferma.

Translated by Luigi Fontanella

Taking the Train Back to the City

— for my daughter at three years old

Plowing through snow, ice tapping
at windows, trying to get enter my warmth,
cold trying to melt on me. The holiday finished,
I left you sleeping in your grandmother's bed,
Daughter of Christmas Trees.

I'm going to buy you words to float
in icy branches to change boredom
to mystery. If there is a moral
to the scheme that brought you from me,
you are temptation undone.
You breathe now without me.

I leave you for awhile to your grandmother
as a gift from me. A cat slept on my chest
through the night. Hairs caught in my throat
coughing riddles. There is a cold blue
blanketing all windows.

Lights are eyes looking back at us,
stamping our retinas with dazzling
pictures. We are verbs in the dark;
not nouns of insanity.
What can I give you, unless
I reach your private ears
with poems from me.

If I could push you in park swings forever
through the airs of spring,
but I can only hope, face to face
with these cold blank windows,
that you will not loathe whatever world of you
is to come from the word whore in me.

Tornando in città in treno

— *per mia figlia bambina*

Facendomi strada nella neve, il ghiaccio che batte
alle finestre, cercando di penetrare il mio calore
il freddo che cerca di sciogliersi su di me. Dopo la festa,
ti ho lasciato che dormivi nel letto di tua nonna.
Figlia degli Alberi di Natale.

Ti comprerò parole da far fluttuare
su rami ghiacciati per trasformare la noia
in mistero. Se c'è una morale
nel proposito che ti ha portato via da me,
tu sei la tentazione disfatta.
Ora respiri senza di me.

Ti lascio per un po' da tua nonna
per regalo. Un gatto ha dormito sul mio petto
tutta la notte. Mi sono rimasti peli in gola
mentre tossivo enigmi. C'è un azzurro freddo
che copre tutte le finestre.

Le luci sono occhi che ci guardano,
imprimendo immagini abbaglianti
sulla nostra retina. Siamo verbi nel buio;
non nomi di follia.
Cosa posso darti, se non
raggiungo l'intimità del tuo orecchio
con le mie poesie.

Se potessi spingerti per sempre sulle altalene dei parchi
nell'aria di primavera,
ma posso solo sperare, faccia a faccia
con queste finestre fredde e vuote,
che non disprezzerai qualsiasi mondo
ti spunterà dalla parola puttana in me.

Translated by Luigi Bonaffini

Unfinished Autobiography for My Daughter
— written 1994, during the first Gulf War

I was born in 1941. The sky was falling.
The chairs of state were arranging themselves
in military "isms" of mass murder. I learned
to speak by holding an apple, rolling its crimson
shine in baby fingers, because my mother's smile
offered a red toy to the table of my highchair
in that Newark kitchen of new mornings, bright
leaves at frosty windows just met for the first
time: autumn sun light, warm hands.

"God bless Mommy! God bless Daddy!
God bless spaghetti!" I chortled up
to big people around my crib. When
they laughed, I learned I had a pen
for a tongue that could please.

Meantime, bombs were blitzing:
Jewish, Polish, Romany, homosexual... human
flesh sizzled in Hitler's ovens; lampshades of skin,
gold teeth manufactured into wedding rings.

Are you wearing one? Has your gold
ring come from a mother's mouth
filled with poisoned gas in the chamber
where menstrual blood stained her thighs
bereft of clothes as she held her child
to her breasts. "Empathy"

is my favorite word. Your peasant grandmother —
war orphaned — your lame Italian grandfather,
"greenhorn guinea" they called him. "Guinea gimp!"
they shouted as he sold newspapers
for the state "Education of the Poet"
he gave to me, raising

me in the ghetto of Newark to speak good English
where the worse horror then was when

Autobiografia incompiuta per mia figlia
— scritta nel 1994, durante la prima Guerra del Golfo

Nacqui nel 1941. Il cielo stava precipitando.
I capi di stato si schieravano nei militari
'ismi' dell'omicidio in massa. Imparai
a parlare tenendo una mela, rigirando il suo lucore cremisi
nelle mie dita di neonata, perché il sorriso di mia madre
era un giocattolo rosso alla mensa del mio seggiolone
in quella cucina a Newark di freschi mattini, di foglie
vivaci a finestre brinate viste per la prima volta:
luce solare d'autunno, mani calde.

"Dio benedica Mamma! Dio benedica Papà!
Dio benedica la pasta!" mugugnavo a grosse
persone attorno alla culla. Quando risero
seppi che per lingua avevo
una penna che dava piacere.

Nel contempo, improvvisi grappoli di bombe:
Ebreo, Polacco, Romania, omosessuale . . . carne umana
sfrigolava nei forni hitleriani; paralumi di pelle,
denti d'oro fusi in anelli matrimoniali.

Ne porti uno? Il tuo anello d'oro
è venuto dalla bocca di una madre
riempita di gas nello stanzone
dove sangue menstruale le macchiava le cosce
nude mentre stringeva un bambino
al seno? "Empatía" è la mia

parola favorita. Tua nonna contadina —
orfana di guerra — tuo nonno italiano zoppo,
"grinone ghinni" lo chiamavano. "Ghinni gambadilegno!"
gridavano mentre vendeva giornali
per lo stato. A me diede
"L'Istruzione del Poeta,"
allevandomi, per parlare giusto inglese, nel ghetto di Newark
dove l'esperienza più orribile fu quando un ragazzo

a boy named Herby chased me down the alley,
cornering me — sticking his tongue in my mouth,
choking me with belligerent sex, as others laughed:

"Herby *French*-kissed Daniela!" A grand joke
of our ghetto's kids. Nothing more frightening

happened until in 1961, I helped
to integrate WSLA-TV — a white journalist
on an all Black gospel show, announcing "Freedom
Rides" and "Sit-ins" — not out of bravery,
but idealistic naivete. Twenty and virginal when
raped one midnight in a jail cell by an angry
Klansman, Deputy Sheriff of Montgomery County,
Alabama — only law for miles around Selma.

Somewhere, in between then and then,
I met a book full of rotting corpses,
of mutilated bodies on battlefields
or in prison camps, agonized faces distorted
by screams, breasts impaled on bayonets,
and all my orgasms, ever since, have been cries
of letting go of gaping mouths in skulls robbed
of gold-filled teeth.

I'm a "Jersey girl" whose mother was part Polish
war orphan, part Jew, whose father was a Greek
Albanian Italian immigrant. I'm the daughter of a lame
"guinea gimp," who was a poet dying
of the word "empathy." He carried it on his back
and taught me Shakespeare's English.
He said I was too pretty for my own good
and read me Yeats's prayer for his daughter,
but now, menopausal insomniac, I don't care
about looks. My greatest moment of joy came
in a near death — not when jailed by the Klans-
man, but when giving birth to you
who came by emergency Cesarean, bright

with hope, lovely daughter;
do you hear the ambulance of guilt,
grieving in your near death birth, the re-

chiamato Herbie mi rincorse per un vicolo,
e mi bloccò — infilandomi la lingua in bocca,
soffocandomi di sesso brutale, mentre altri sghignazzavano:
"Herby ha baciato Daniela alla francese!" Roba da spanciarsi
per i boys del ghetto. Niente di più drammatico

accadde fino al 1961, quando fui strumento
nell'integrazione della WSLA-TV — una giornalista bianca
in uno spettacolo tutto di Battisti negri, promulgando
"Freedom Rides" e "Sit-ins" non per coraggio
ma idealistica ingenuità. Ventenne e vergine fui stuprata
una mezzanotte in una cella di prigione da un rabido
Klansman, il vice sceriffo della Contea Montgomery,
Alabama — unica legge per miglia nei dintorni di Selma.

Da qualche parte, tra un trascorso e l'altro,
m'imbattei in un libro pieno di salme in putrefazione,
di corpi mutilati su campi di battaglia
o in campi di prigionia, volti suppliziati distorti
dalle urla, mammelle impalate su baionette,
e tutti i miei orgasmi, da allora, sono stati grida
di lasciarmi libera da bocche spalancate in teschi
derubati di denti foderati d'oro.

Sono una ragazza del Jersey la cui madre era in parte orfana
di guerra polacca, parte ebrea, il cui padre era immigrante
greco albano italiano. Figlia di uno zoppo
"grinone gambadilegno," che era un poeta che moriva
della parola "identificazione." La portava sulla schiena
e mi insegnò l'inglese di Shakespeare.

Disse che ero troppo graziosa per essere felice
e mi lesse la preghiera di Yeats per sua figlia,
ma ora, insonne per menopausa, non m'importa
del mio aspetto. Il più bel momento di gioia arrivò
quando rischiai la vita — non sbattuta in cella dall'uomo
del KKK, ma partorendo te, che venisti
tramite taglio cesareo d'emergenza,
luminosa di speranza, dolcissima figlia;
senti l'ambulanza della colpa che si duole
della tua nascita presso la morte, la ri-
nascita di tua madre, il tuo momento di quasi non essere

birth of your mother, your moment of almost not
being new life greeting me in your eyes, my eyes
peering back at me, questioning, after the fever subsided.

Here's your crimson apple of being, Daughter,
amidst new wars and books always repeating themselves
like autumn where death turns to beauty in windy sighs
of dying leaves singing hypocritical histories —
hand by reborn hand murdered and bleached to bones
or held warm or cold. Old, I can't sleep
well anymore. I grow fat eating love, I remember thrills
of my childhood autumns when the maples sang with sparrows
outside windows and the kitchen was warm as apples
turned crimson in pale hands — sanguine color, simply
being before I found the book of corpses
from slave ships, battlefields, ovens,

Now, I take you, Daughter,
to the woods to meet the scarlet maples,
feed the wild deer, crush the leaves
and acorns with your steps, dance
in the moonlight: your mother is no orphan,
like hers was, your father is not lame like mine was —

but the Earth, Our Mother, and all Her creatures swirl
in clouds of gas, garbage, greed
the language of oppression: "nigger, pollack, guinea, mick,
kike, jap, kraut, wasp, chink, gook, dyke, fag, spick…!"

Washington confronted its manufactured "Butcher
of Baghdad" as "sand niggers" were decried on Wall Street
where banks collapsed in graft. A tenuous thread of life
secretes onto the page as my eyes
become someone else's. Are they yours, Daughter?

I edit a book, *On Prejudice: A Global Perspective*,
of xenophobia, ethnocentrism, sexism, racism,
                and hate the nuclear and oil barons
                        who are your enemy.
We cannot love without enemies who bond us
together in love — Freud said —
                unless we see that avarice pours

nuova vita salutante me nei tuoi occhi, occhi miei
che mi riguardavano sorpresi, passata la febbre.

Eccoti la mela cremisi dell'essere, Figlia,
nel mezzo di nuove guerre e libri che sempre si ripetono
come l'autunno dove la morte si muta in bellezza nei sospiri ventosi
di foglie morenti che cantano storie ipocrite —
mano da mano rinata uccisa e sbiancata in ossa
o tenuta calda o fredda. Anziana, non dormo più bene.

Ingrasso mangiando amore, ricordo gioie di autunni
della mia infanzia quando gli aceri risuonavano di passeri
fuori dalle finestre e la cucina era calda come mele
mutate cremisi in mani pallide — colore sanguigno, null'altro, vita
prima che trovassi il libro di salme
di schiavi in velieri, campi di battaglia, forni,

Adesso, ti porto, Figlia, nei boschi
a incontrare gli aceri scarlatti, a dar da mangiare
ai daini selvatici, a schiacciare foglie
e ghiande coi piedi, a danzare
al chiaro di luna: tua madre non è un'orfana,
com'era la sua, tuo padre non è zoppo come il mio —
ma la Terra, Nostra Madre, e tutte le Sue creature vorticano in
nuvole di gas, immondizia, cupidigia la lingua dell'oppressione:
"scimmia, mangiapatate, dego, briacone, giuda, faccia gialla,
crucco, protestante bianco del menga, codino, Kore-ano, lesbia,
checca, spanici...!"

Washington fece i conti con la sua creazione, "Il Macellaio di Bagdad,"
mentre "i fottuti di Allah" furono vilipesi a Wall Street
dove le banche annegarono in intrallazzi. Un sottile filo
di vita goccia sulla pagina mentre i miei occhi

diventano gli occhi di un altro: Sono i tuoi, Figlia?

Metto insieme un libro, *Sul Pregiudizio: Una Prospettiva Globale,*
di xenofobia, etnocentrismo, sexismo, razzismo,
e odio i baroni nucleari e del petrolio
che sono i tuoi nemici.
Non possiamo amare senza nemici che ci legano
insieme in amore — disse Freud —
se non vediamo come l'avarizia riscarica

our own garbage and debris back upon us —
Smothering us with mutual enemy. Our oil, nuclear,
chemical, and germ warfare profiteers hold us all
hostage, you, me, and them, to the screams of skulls
with their forever gold teeth, lampshades of skin,
their ears are ours filled with a siren of guilt
from the history book of corpses.

It talks to autumn, Daughter. It says: "Empathize!"
Because we all die to live, eat, see, and hold
our crimson apple. Its splendor makes us sing.

la nostra putredine e rovina tutta su di noi —
Soffocandoci col nemico comune. I nostri sensali
di petrolio, armi nucleari, chimiche, biologiche ci tengono
tutti in ostaggio, tu, me, e loro, alle grida dei teschi
con i loro eterni denti d'oro, i paralumi di pelle,
le loro orecchie sono le nostre rintronate da una sirena di colpa
dal libro di storia delle salme.

Parla all'autunno, Figlia. Dice: "Identíficati con tutti!"
Perché noi tutti moriamo per vivere, mangiare, vedere, e tenere
la nostra mela cremisi. Il suo splendore ci fa cantare.

Translated by Ned Condini

Dancing Song for My Daughter
— for Gabriela Mistral

Stars dance their light
Night sky shivers.
Listening to waves,
dance, my daughter!

Wind wanders fields
singing in wheat.
Hearing wind's song,
dance, my daughter.

Earth spinning holds
children in her skirts.
Feeling moon's hands,
dance, my daughter.

Love winning fills
all with Her power.
Seeing Her sunrise,
dance, my daughter.

Love losing sighs
in wet wounded eyes.
Burying my bones, smile!
Dance, my daughter.

Canzone danzante per mia figlia

Le stelle danzano la loro luce
Il cielo notturno rabbrividisce.
Ascoltando le onde,
danza, figlia mia!

Il vento si aggira per i campi
cantando nel frumento.
Sentendo la canzone del vento,
danza, figlia mia!

La terra che gira tiene
bambini fra le sue gonne.
Sentendo le mani della luna,
balla, figlia mia!

L'amore vincente riempie
tutto con il Suo potere.
Vedendo la Sua alba,
balla, figlia mia!

L'amore perdente sospira
in feriti occhi bagnati.
Seppellendo le mie ossa, sorridi!
Balla, figlia mia.

Translated by Elisa Biagini

Ballatetta per mia figlia

Danzano le stelle nella loro luce
Trema il cielo di notte.
Figlia mia, ascolta le onde,
e balla, figlia mia, balla!

Erra il vento nei campi
Cantando fra gli steli del grano.
Figlia mia, ascolta il cantare del
                                    vento,
e balla, figlia mia, balla!

Gira la terra tenendosi
stretta alla gonna i bambini.
Figlia mia, senti le mani della luna,
e balla, figlia mia, balla!

Amore vincente assorbe
Tutto in suo potere.
Figlia mia, guarda il suo sangue
e balla, figlia mia, balla!

Amore si rimpiange
nei suoi occhi feriti di pianto.
Figlia mia, sotterra le mie ossa, e
                                    sorridi.
Balla, figlia mia, balla!

Translated by Luigi Fontanella

Some Slippery Afternoon

A silver watch you've worn for years
is suddenly gone, leaving a pale
white stripe blazing on your wrist.

A calendar, marked with appointments
you meant to keep, disappears, leaving
a faded spot on the wall where it hung.

You search the house, yard, trash cans
for weeks, but never find it.

One night the glass in your windows
                              vanishes,
leaving you sitting in a gust of wind.

You think how a leg is suddenly lost
beneath a subway train, or taxi's wheel,
some slippery afternoon.

The child you've raised for years,
combing each lock, tailoring each smile,
each tear, each valuable thought,

suddenly changes to a harlequin,
joins the circus passing in the street,
never to be seen again.

One morning you wash your face,
look into the mirror, find the water
has eroded your features, worn them

smooth as a rock in a brook.
A blank oval peers back at you
too mouthless to cry out.

Un pomeriggio che ti scivola via

È improvvisamente sparito un orologio d'argento
che avevi al polso da anni e che t'ha lasciato
una striscia bianca attorno al polso.

Un calendario, con tutti i vari appuntamenti segnati
che tu intendevi conservare, svanisce lasciando un alone
sulla parete dov'era appeso. Per settimane lo cerchi
in casa, nel giardino, nei bidoni della spazzatura,
ma non lo trovi mai.

Una notte il vetro delle finestre
                         si volatilizza
lasciandoti in balia delle raffiche di vento.

Pensi a come uno improvvisamente perda una gamba
Sotto le rotaie di una metropolitana
o sotto la ruota di un taxi,
un pomeriggio che ti scivola via.

La ragazzina che hai tirato su per anni,
pettinandone ogni ricciolo, cucendone ogni sorriso,
ogni lacrima, ogni valido pensiero,

si trasforma d'improvviso in un arlecchino,
si unisce al circo che passa per strada,
e di colpo non la rivedrai più.

Una mattina ti lavi la faccia,
ti guardi allo specchio e t'accorgi che l'acqua
ti ha eroso i lineamenti, te li ha levigati

come un sasso in un torrente.
Un bianco ovale ti osserva
privo di bocca per gridare.

Translated by Luigi Fontanella

Returning from Paradise, We Stop at a Carnival

and view the "freaks"
watching us, and offer a smile
to the snake charmer. She nods at us
      knowing we are lovers returning from paradise.

At night, just before dawn of the last day
of an old year, we have a common nightmare.
Each falls asleep and wakes alone
in a dream on a cold shore
far from home, without shelter from wind, sun
      dark, cold, heat.

I feel as a tiny breathing thing alone in a vast night
no hand anywhere to hold mine. I call to you, friend,
brother, lover, husband, but you can't answer
out of your body, alone in your dream crying for friend,
sister, lover wife!

We wake into life
sure of dying under the frozen sky
and mute stars, glistening with winter light.

We have returned from paradise and visited a carnival
many times again, to view the "freaks" watching us
and smile at the knowing snake charmer.

Sometimes, as we look at the pain in the other's eyes,
each recalls the nightmare had separately,
but we do not speak of it. We hold hands into new years,
knowing all new years turn old, and listen to the night,
snow creaking in mounds, and the air iced from the Northwind

For the sake of the other,
we do not say
how each together
is alone
returning from paradise.

Tornando dal paradiso ci fermiamo al carnevale

per vedere i "grotteschi"
che guardano noi, e offrire un sorriso
all'incantatrice di serpenti. Ci accenna sapendo
   che siamo amanti che tornano dal paradiso.

Di notte, poco prima dell'alba dell'ultimo giorno
di un anno passato, abbiamo un incubo.
Ciascuno si addormenta e si sveglia solo
in sogno su una spiaggia fredda
lontano da casa, senza riparo da vento, sole,
   buio, freddo, calore.

Mi sento un minuscolo oggetto che respira solo in una notte immensa
da nessuna parte una mano a tenere la mia. Ti chiamo, amico,
fratello, amante, marito, ma tu non puoi uscire in risposta
dal tuo corpo, solo nel tuo sogno in pianto per l'amica,
sorella, amante, moglie!

Ci destiamo alla vita
sicuri di morire sotto il gelido cielo
e stelle mute, che brillano di luce invernale.

Siamo tornati dal paradiso e abbiamo visitato un carnevale
molte volte ancora, per vedere i "grotteschi" guardarci
e sorridere alla saputa incantatrice di serpenti.

Talvolta, mentre scorgiamo la pena negli occhi dell'altro
riandiamo all'incubo che avemmo entrambi,
ma non ne parliamo. Ci teniamo le mani verso anni nuovi,
sapendo che tutti i nuovi anni invecchiano, e ascoltiamo la notte,
la neve che cricchia in cumuli, e l'aria ghiacciata dalla tramontana.

Per amore dell'altro non diciamo
come ciascuno insieme
è solo
quando ritorna dal paradiso.

Translated by Ned Condini

Answer to the Suicide

I will nothing to no one.
— Jorge Luis Borges

In the morning
there will be sunlight.
There will be day.
One evening
I'll die
and the sum total of the universe
will continue.

I'll erase my ears, eyes, nose,
tongue, fingers,
but the continents, mountains, music,
pyramids will persist.

Behind me
the future will accumulate.
In earth like a man in a woman,
I'll make food out of food.

When I see the last sunrise,
I'll hear the first bird.
I will everything
to everyone.

Risposta al suicidio

Non lascio niente a nessuno
— J. L. Borges

Una mattina assolata
sarà quello il giorno.
Una sera morirò
e l'universo tutto
continuerà.

Cancellerò orecchie, occhi, naso,
lingua, dita,
ma i continenti, le montagne, la musica,
le piramidi, continueranno ad esistere.

Dietro di me
si accumulerà il futuro.
Come nella terra un uomo nella donna,
produrrò cibo da cibo.

Quando vedrò l'ultimo tramonto,
sentirò il primo uccello.

Io lascerò tutto
a tutti.

Translated by Luigi Fontanella

III. "Blood Autumn" and "The Peach"

"The bloody massacre in Bangladesh quickly covered over
the memory of the Russian invasion of Czechoslovakia, the
assassination of Allende drowned out the groans of Bangladesh,
the war in the Sinai Desert made People forget Allende, the
Cambodian massacre made people forget Sinai, and so on and
so forth until ultimately everyone lets everything be forgotten."
— Milan Kundera, *The Book of Laughter and Forgetting*

I had a dream, which was not all a dream.
The bright sun was extinguished, and the stars
Did wander darkling in the eternal space,
Rayless, and pathless; and the icy Earth
Swung blind and blackening in the moonless air;
Morn came and went — and came, and brought no day. . . .
— Lord Byron, "Darkness"

III. "Autunno di sangue" e "La pesca"

Old Aphrodite Rises from Her Porcelain Tub

She thinks of how easily supple rose petals bruise,
how quickly flowers wilt. Naked,
kneeling in the tub, her bottom
rising as she tries to rise —
she doesn't feel erotic, but assailable.

Does her aging body spurn her?
As she kneels balancing carefully —
to rise slowly with breasts hanging forward —
afraid of falling alone in her bathroom
where no one would hear her —
she doesn't feel sensual, or sensuous,
as she used to. She doesn't dream of sex,
or passion, ardor, or orgasm.

She remembers a news photo of a woman
kneeling as she's stoned by angry men, a story
of a woman made to kneel by her rapist,
a suppliant virgin sacrificed in ritual,
a woman bent over river stones alone
washing clothes — surprised by her violator,
a woman in a motel
kneeling over, dead in a pool of blood
as she grips her innards
with the pain of an illegal abortion.

She doesn't dream
the substance of love poems
as she kneels and bends —
naked now and old — thinking
of all the women who have assumed
this suppliant pose, not only for men,
but for their war gods —
in whose names bombs are exploded over cities,
and land mines set to blow off legs
of children running after butterflies in meadows,
farmers tilling fields to feed their families.

La vecchia Afrodite si solleva dalla vasca di porcellana

Lei pensa a come facilmente i flessibili petali di rosa s'ammaccano,
come rapidamente il fiore appassisce. Nuda,
in ginocchio nella vasca, le sue regioni inferiori
si sollevano mentre lei prova a sollevarsi-
non si sente erotica ma attaccabile.

Il suo corpo che invecchia la disprezza?
Mentre si inginocchia bilanciandosi con attenzione-
per sollevarsi lentamente con il seno che pende in avanti-
spaventata di cadere da sola nel suo bagno
dove nessuno la sentirà-
non si sente sensuale, sensuosa,
come era solita. Non sogna di sesso,
o passione, ardore, o orgasmo.

Si ricorda la foto del telegiornale di una donna
in ginocchio mentre viene lapidata da uomini arrabbiati, la storia
di una donna fatta inginocchiare dal suo stupratore,
una vergine supplicante sacrificata durante un rituale,
una donna ripiegata da sola su le pietre del fiume
a lavare vestiti- sorpresa dal suo violentatore,
una donna in un motel
ripiegata, morta in una pozza di sangue
mentre tiene strette le sue viscere
con il dolore di un aborto illegale.

Non sogna
la sostanza di poesie d'amore
mentre si inginocchia e si piega-
nuda adesso e vecchia- che pensa
a tute le donne che hanno assunto
questa posa supplicante, non solo per uomini,
ma per i loro dei della guerra-
in nome dei quali le bombe esplodono sopra le città,
e mine antiuomo regolate per far saltare gambe
di bambini che corrono dietro a farfalle nei prati,
contadini che si coltivano i campi per nutrire le loro famiglie.

As she rises from the tub
she wants to look upward,
raise her arms full of snakes and power,
raise them heavenward
as ancient figurines lift their arms
like magic wands spraying beams
from each spread finger.

She wants to invoke
the vast mystery of space
as a proud suppliant to all that lives —
arms thrust upward, palms open to light.
Even if she's nothing more
than a temporal body
trapped inside her second of sempiternity
with tired heart weakening
as it beats inside her breast —
just an old woman rising
from the porcelain shell of her bath,

alone inside her small chamber
in a teeming city, looking upward
at the ceiling and the light over the sink.

Mentre si solleva dalla vasca
vuole guardare in su,
sollevare le sue braccia piene di serpenti e potere,
sollevarle verso il cielo
come vecchie statuette sollevano le loro braccia
come bacchette magiche che spruzzano raggi
da ogni dito esteso.

Vuole invocare
il vasto mistero dello spazio
come un orgogliosa supplicante a tutto ciò che vive-
le braccia spinte in su, le palme aperte alla luce.

Anche se non è niente più
che un corpo temporale
intrappolata dentro il suo secondo di sempiternità
con un cuore stanco che si indebolisce
mentre batte dentro il suo petto-
solo una vecchia donna che si solleva
dalla conchiglia di porcellana del suo bagno,

sola dentro la sua piccola camera
in una città che abbonda, che guarda in su
al soffitto e alla luce sopra il lavandino.

Translated by Elisa Biagini

My Venus Fly Trap Is Dying

because it frightens me.
I've tried to remember to water it.
I keep saying I'll buy it a new pot,
furnish it with fresh earth.
After all, it is a plant and I do love
greenery. But it's carnivorous,
ingesting raw meat, living
insects, engulfing them in heart-
shaped leaves. Other plants wait
for death to give flesh to roots.
I resolve to become a vegetarian.
I've loved and envied plants
for their peacefulness,
their quiet conversion of the sun,
that first all contingent link
between solar energy and animal.
But this Venus Fly Trap
is too much for me.
It will have to die
tossed into the waste can
with the bright red lipstick,
the blood red nail polish.
I no longer wear.

This Venus Fly Trap doesn't
photosynthesize peacefully.
It's trying to become an animal
and I
trying so hard to be a tree
can't bear it.

La mia dionea sta morendo

perché mi fa paura.
Ho cercato di ricordare di darle acqua.
Continuo a dire che le comprerò un vaso nuovo,
lo colmerò di terra fresca.
Dopo tutto è una pianta e a me piace il verde.
Ma è carnivora, ingoia
carne cruda, insetti vivi, intombandoli
in foglie a forma di cuore. Altre piante aspettano
che la morte dia polpa alle radici.
Propendo a farmi vegetariana.
Ho amato e invidiato le piante
per la loro tranquillità,
la loro quieta metamorfosi del sole,
quel primo tutto insospettato aggancio
di energia solare e animale.
Ma questa dionea
è troppo per me.
Dovrà morire gettata
nel contenitore d'immondizie
col rossetto rosso fiammante,
lo smalto rosso sangue per le unghie
che non uso più.

Questa dionea non fotosintetizza
in pace.
Sta cercando di diventare un animale
e io
che cerco tanto di essere un albero
non lo sopporto.

Translated by Ned Condini

Lost Buds

Bach cello suites grate on old bones,
stir memories that tickle my teats
with sensational sorrow,
lost buds, fields gone fallow.

I think of how there are no tomorrows
in which I'll give birth.
Now, it's not pregnancy or the hope of it,
no new bouncing baby to come.

Only middle age girth makes me look
maternal. Menopause has left not one
kernel of hope in my old ovaries.
I'm out to pasture, a sagging nag
who's never tasted fruition,
that cornucopia of sharing
the labor with him, the supreme
moment, that most fertile union
together, hand in hand, eye to eye,
smile upon smile, kiss of joy,

lips and minds met
in the shared ecstasy of birth,
seeing our bodies fused in new creation
at an occasion of our rebirth together
in one
being
made from both,
blended in a new person!

Those who live that moment together
can't know how desolate not to.

Germogli perduti

Suite di violoncello di Bach stridono sulle mie vecchie ossa,
rimestano ricordi che solleticano i capezzoli
con tremendo dispiacere,
germogli perduti, campi desolati incolti.

Penso a come non ci saranno domani
nei quali dovrò partorire.
Ora è sparita ogni gravidanza o la speranza di essa,
non ci saranno più bambini pieni di salute.

È solo la mia corpulenza di donna adulta
che mi fa sembrare materna. La menopausa
non ha lasciato neppure un seme di speranza nelle mie vecchie ovaie.
Sono fuoriuso, come un cascante ronzino
Che non ha mai veramente goduto,
quella cornucopia consistente nella condivisione
con l'altro, il supremo momento ,
quella feconda e strettissima unione,
mano nella mano, sguardo nello sguardo,
sorriso di un sorriso, bacio gioioso,

labbra e menti che s'incrociano
nell'estasi insieme condivisa di una nascita,
nella vista dei nostri corpi fusi insieme per una nuova creazione
di fronte a un'occasione della nostra rinascita in comune
in un solo essere
creato da ambedue,
tutto rimescolato in una nuova persona!

Quelli che vivono quel momento insieme
Non sanno quanto desolante sia non averlo.

Translated by Luigi Fontanella

Rejection Makes Wings with Each Little Death It Offers

Oh come, you know rejection, as much as I, and the love
you wanted escaped on that horse with wings
who always flies higher from us as we reach

higher and higher, for as Browning said,
"reach must exceed grasp or what's a heaven for?"
So we reach for love with words, long for love, wanting

to live forever, either in flesh or on paper. But, does that stop us,
from enjoying the attempt to love, and there are always
those brief moments in which love grasps us

and we know we are alive, and the words fall into place
and the rhyme is new music engulfing the smiles
of lovers, or readers, of those who want nuance,

not just blasting sound that kills the mind with dance.
Yet, whatever we swallow of love often sticks in our throat
in all that bitter glue of longing, as we find love happens

only in moments which pass like ripples over liquid skies,
sometimes mistaken for clouds that hide the sun,
or give just enough shade to astound with blazing desires.

The eyes of envious gods want to pick at our moist flesh
and so we are not allowed to live forever, but perhaps, our love
like Dante's, Shakespeare's, and Millay's lives on

L'essere respinti fa diventare
ala ogni piccola morte che offre

Andiamo, tu sai come me cosa significa essere respinti, e l'amore
che volevi è fuggito su un cavallo, su ali
che inseguivano Pegaso, sempre in fuga da noi che ci tendiamo

verso di lui in volo, in volo più alto mentre ci tendiamo, come
diceva Browning,
"il tendersi deve superare la lunghezza del braccio altrimenti a
che serve il paradiso?"
Così ci tendiamo verso l'amore con le parole, agogniamo
l'amore, volendo

vivere per sempre, nella carne o sulla carta. Ma forse questo
ci priva del piacere di provare ad amare, e ci sono sempre
quei brevi attimi in cui l'amore ci coglie

e sappiamo di essere vivi, e le parole trovano il loro posto
e la rima è una nuova musica che sommerge i sorrisi
degli amanti, o dei lettori, di quelli che vogliono la sfumatura,

non soltanto un forte rumore che uccide la mente con la danza.
Eppure tutto ciò che ingoiamo dell'amore ci rimane in gola
lische di pesce nel gelato? Spine nelle caramelle? Dolcezza

in tutta quella amara colla del desiderio!
Il mio specchio d'argento s'incrina al mio tentativo d'amare —
perché l'amore accade solo in momenti

che passano come increspature su cieli liquidi, scambiate per nuvole
che nascondono il sole, o che danno solo quel poco d'ombra
che basta a sbalordire con tutto lo splendore infiammato del desiderio.

Gli occhi di dei invidiosi vogliono strapparci le nostre umide carni
e così non ci è permesso di vivere per sempre, ma forse il nostr amore,
come quello di Dante, di Shakespeare e di Millay continua a vivere

in poems which sharpen the fact that all is as temporal as the trash
sitting at the curb in the rain, waiting to be collected before it spills
messy into the gutters and runs down the drains

at the ends of streets leading nowhere.
Most of the time, yes, most of the time, we are trying to love,
and not loving, but we are trying, and when we stop trying,

we're dead, even as we live on in poems that sting us
with memories of dead lovers who are gone as their words live on
and pierce us with longing for that perfected love, so good,

so pure, so full, so erotic with touch, once felt,
fleeting onto a page, or off into graves, or up,
flying higher chasing that winged horse

who always goes higher, "up up and away"
into the land of Superman and Superwoman,
of Pegasus pastures where we can never go!

Finally, our very flesh hangs rejected by time
like a Salvador Dali clock dripping over the back
of a horse's hind, his wings flapping "up, up, and away,"

as we reach, reach for love like a child
begging cookies before dinner,
chasing after that heavenly tail.

nei sonetti che mettono a fuoco il fatto che tutto è temporale
come la spazzatura
che giace sul marciapiede nella pioggia, in attesa di essere raccolta
prima di riversarsi in disordine nelle cunette e scorrere nelle fogne

in fondo alla strada che non portano in nessun posto.
Il più del tempo, sì, il più del tempo, cerchiamo di amare
e non amiamo, ma stiamo cercando di farlo, e quando smettiamo

siamo morti, anche se continuiamo a vivere nei sonetti che ci pungono
coi ricordi dei morti amanti del passato le cui parole vivono
e ci trafiggono con il desiderio di quell'amore perfetto, così bello,

così puro, così pieno, così erotico col tatto, una volta sentito, se
scorre leggero
sulla pagina o giù nelle tombe, o in alto, in volo, inseguendo
quel cavallo alato

che va sempre più su, sempre più in alto
nella terra dei Superuomini e delle Superdonne
dove noi non possiamo andare!

All fine, la nostra stessa carne pende respinta dal tempo
come un orologio di Salvador Dalì che sgocciola sul dorso
di un cavallo, con le ali che battono sempre verso l'alto —

mentre ci tendiamo, ci tendiamo verso l'amore come un bimbo
che vuole i biscotti prima del pranzo,
inseguendo quella coda celeste.

Translated by Luigi Bonaffini

The Sun Has Dried You to Autumn

colors so warm you can drive high on them
as a red maple stands out of orange
and green leaves in hot light which has dried it
vermilion, there at the edge of the road
in front of a white steeple, modest, no concrete

crosses. A small wooden building simply heralding
the truth of earthly cycles that give and take away —
a small, decaying, structure, pale against the red
maple, in grass still so bright that you can see three black
crows searching the fluffy blanket, full of leafy smells

as if there is a realm of paradise in which we live
among fields and shrubs of heaven where chipmunks skitter,
and groundhogs burrow to line their winter homes with leaves
and flower seeds. Looking up through red maple to blue
sky, stunned by colors, thinking of winter coming;

it doesn't matter what scientists say about carotene, trapped glucose,
rain, heat or the first frost of night — because you've loved this green,
orange, red, brown season so that you've reached into it with your life
and tried to hold its mulched, crisp air close within
as the North Wind returns and fills you with thrills

of summer ending, fears of barren winter, months of fitful work ahead.
And, you've come nearer to your last autumn teeming with colors
rich with sorrow of loved ones lost, happy memories of what's passed,
and still the red maple thrills, orange pumpkin faces smile grotesquely
at your shockingly older face in the morning mirror, dead loves' tears

Il sole ti ha asciugato a colori

d'autunno così caldi che ci puoi andare in macchina ubriaca
mentre un acero rosso si distacca dalle foglie
arancioni e verdi in una luce accesa che lo ha seccato
di vermiglio, là sull'orlo della strada
davanti a una guglia bianca, modesta, senza

croci di cemento. Un piccolo edificio di legno che annuncia
semplicemente la verità di cicli terrestri che danno e portano via —
una struttura piccola e cadente, pallida contro l'acero
rosso, tra un'erba ancora così viva che si vedono tre corvi
neri che frugano nella soffice coperta, piena di odori di foglie

come se ci fosse un regno celeste in cui viviamo
tra campi e cespugli del cielo dove zampettano gli scoiattoli striati,
e le marmotte scavano per rivestire di foglie e di semi di fiori
le loro tane invernali. Guardando in alto attraverso l'acero rosso
il cielo blu, stordite dai colori, pensando all'inverno imminente;

non importa ciò che dicono gli scienziati sul carotene, il glucosio
                                          imprigionato,
la pioggia, il caldo o il primo gelo della notte — perché tu hai
                                          amato tanto
questa stagione verde, arancione, rossa, marrone da addentrarti
                                          in essa con la vita
e hai cercato di tenere dentro di te la sua aria fresca che sa di
                                          pacciame
mentre ritorna il Vento del Nord e ti colma dei palpiti

dell'estate che muore, le paure dell'arido inverno, mesi di
                                          lavoro inquieto che ti aspettano.
E sei più vicina al tuo ultimo autunno brulicante di colori
pregno del dolore della perdita di persone amate, di ricordi felici
                                          di ciò che è passato,
e sempre l'acero rosso ti dà un fremito, volti arancioni di zucca
                                          sorridono grottescamente
al tuo sconcertante volto nello specchio la mattina, più vecchio,
                                          le lagrime

dried frozen there as autumn tickles your funny bone with fading hope
of sex with all its red color saying how strange to live knowing always,
you will die and take none of this grandeur with you. And you want to die,
when you must die, listening to waves, or rain like Bach suites —
having loved too deeply but won, your wrinkled face supple with peace

and smiling kindly on those present, as if they are forever — as you slip
into the sea and swim away like a silvery fish gone into the deep
down under water, around you, and in you, by which you live, nearly all
water, flowing, raining, drinking you as you swim away into the dark
from which we've crawled onto land with our heads

bowed to the sun, and water cooling our unending thirst.

di morti amori congelate lì mentre l'autunno ti solletica con la
                                        fievole speranza
di sesso, mentre tutti i suoi colori dicono come sia strano vivere
                                        sapendo sempre
che morirai e non porterai con te niente di questo splendore.
                                        E tu vuoi morire,
quando devi morire, ascoltando le onde o la pioggia come le
                                        suite di Bach —
avendo amato troppo profondamente ma vinto, il tuo volto
                                        rugoso morbido di pace

che sorride benevolmente ai presenti, come se fossero per
                                        sempre — mentre tu scivoli
nel mare e nuoti via come un pesce d'argento finito in
                                        profondità sott'acqua,
intorno a te, ed in te, di cui vivi, quasi tutta acqua, che scorre,
                                        che piove, che ti beve
mentre nuoti via nel buio da cui siamo strisciati sulla terra
                                        con le teste

piegate al sole, e l'acqua che calma la nostra eterna sete.

Translated by Luigi Bonaffini

Blood Autumn

Memory of autumn, of menopausal bleeding
and blood from a creature you hunted
in the woods, oozed over a wet rock, you used
as a table in the brook, carving meat
from bone, skinning it down to red flesh,
as I squatted behind a stump, shuddering

at the killing I'd seen, crying secretly as I peed
and bled into the yellow leaf-soaked earth. I'd wanted
to go with you, in this awful autumn of aging,
I'd said I go bird watching with binoculars
as you hunted with your shotgun.

Tired of my squeamishness,
of worries of bombs poised in silos,
warfare's germs bred in laboratories,
chemicals stirred to deadly alchemy, genius

death — a lump flowering, a cancer blooming in my breast
to be removed next week by the surgeon's laser knife,
I wept in the hope of flesh as the deer trembled
to its death, first day of hunting season — fattened
against winter from summer's gathering, nibble by

nibble of wild berry, young shoots, lichen and wild fruit —
only to fall in a leap over the swell of forest floor,
into our dell, crunching leaves, in a flash
like the explosive splash of an osprey as it dives
into the lake to seize a fish from on high.

Suddenly, in the quiet gully of noon, leaves rustled,
twigs cracked as the deer leapt toward us silently
in wait. Squirrel chatters, bird chirps had quieted
after our intrusion of the woods bleeding red oak,
yellow maple, pale beech leaves carpeting
cathedral floors: pines gothic in their reach skyward.

Autunno di sangue

Memoria d'autunno, sanguinare di menopausa,
e il sangue da una creatura che cacciasti
nei boschi colare lento su una roccia
umida che usasti come tavolo nel ruscello,
separando la carne dall'osso, scuoiandola
fino alla rossa polpa. Io stavo accoccolata
dietro un ceppo, rabbrividendo alla morte
che avevo veduto, piangendo segretamente
mentre facevo acqua e sanguinavo
dentro la terra inzuppata di foglie gialle.

Avevo voluto andare con te, in questo malnato
autunno d'invecchiamento, dissi che avrei
guardato uccelli col binocolo
mentre tu cacciavi col fucile.
Stufa della mia schizzinosità,
di preoccuparmi per bombe nascoste in silos,
di armi biologiche create in laboratori, di prodotti chimici
mutati in alchimia letale, morte geniale, efflorescenza
gibbosa — un cancro spuntato nella mammella
da rimuovere la settimana prossima colla lama-laser del chirurgo,
piangevo nella speranza di carne come bridiò la daina verso la morte
il primo giorno della caccia, ingrassata
per l'inverno dai frutti dell'estate,
morsello su morsello di bacche di bosco, germogli teneri,
licheni e frutta selvatica — tutto per cadere
in un tonfo sull'ondeggiante suolo della foresta,
nella nostra valletta di foglie scricchiolanti, un lampo come
il tuffo esplosivo dell'asprì quando dall'alto
s'abbatte sul lago per prendere un pesce. Improvvisamente,

là nella quieta gola del mezzogiorno, le foglie frusciarono,
rametti si fransero mentre la daina correva verso di noi, in silenzio
in attesa, conversari di scoiattoli, cinguettii di uccelli si chetarono
alla nostra irruzione nei boschi che sanguinavano rosso
di quercia e giallo di acero, le pallide foglie dei faggi
che tappezzavano il pavimento di cattedrali,
un gotico di pini protesi in alto verso il cielo.

Camouflaged by bark, the doe leapt into our gully
where your shotgun was poised beyond all
my arguments against its cruel blasted noise.
"When the secret police come for your family —
you want them to have the only weapons?
A man has to know how to survive!" you said.

Terror everywhere in the global heat trap,
as this doe fled another hunter's gun, flew into
our murderous view and I shouted, "There!"
and you spun around and fired
into this autumn bleeding glorious color —
dying leaves fallen to fertilize the next coming
of leaves back into roots of trees
like me, bleeding too much as I grow old
and matronly, amidst the garbage of greed
            about to backfire on all
as shotguns explode to kill the killers holding them.

But, your aim was accurate, your gun well kept,
you shot the doe, bagged it, the first time
I'd seen you kill,
though I knew you'd got deer before
and in winter wild boar; you'd fried
squirrels and possums since you were a boy
escaping alone into the wild where
your Jewish father, a Turkish immigrant,

wanted you to learn to survive, defend
yourself: "A man must be a man
to be a man!" he'd said,
and I was tired of arguing non-violence
to you and the rest of the warring world.
With my bird watching binoculars,
I'd joined you in the hunt and saw the deer
coming toward us, my eyes and ears sharper
than your fading ones. I wanted you at seventy
to win, to feel young and strong again.

Mimetizzata di corteccia, la daina
saltò verso l'infossatura dove era pronto il tuo fucile, nonostante
le mie rimostranze al suo dannato e crudele fracasso.
   "Quando la polizia segreta arriva a prender la tua famiglia,
vuoi che siano armati solo loro? Un uomo
deve saper sopravvivere!" dicesti.

Terrore dovunque nella trappola del calore globale,
come questa daina sfuggì al fucile di un altro cacciatore, per sfrecciare
al nostro appostamento assassino e io gridai: "Là!"
e tu ti girasti e sparasti
in questo autunno sanguinante colori di gloria —
foglie morenti cadute a fertilizzare
il prossimo ritorno delle foglie
nelle radici di alberi come me,
che sanguino troppo mentre invecchio
imponente, tra i rifiuti
di cupidigie sul punto di rinculare
come fucili che uccidono gli assassini che li impugnano.

Ma la tua mira era accurata, il tuo fucile ben tenuto,
sparasti alla daina, la spacciasti, la prima volta
che ti vidi uccidere, anche se
sapevo che avevi preso daini prima
e in inverno cinghiali
fritto scoiattoli e procioni sin da ragazzo
fuggendo da solo nei boschi dove tuo padre ebreo,
immigrato dalla Turchia, voleva che tu
imparassi a sopravvivere, a difenderti:
"Per essere uomo un uomo dev'essere uomo!"
diceva, e io ero stanca di discutere non-violenza
con te e il resto bellicoso del mondo.
Osservando uccelli col mio binocolo,
ti avevo accompagnato a caccia
e visto la daina che veniva verso di noi,
i miei occhi e orecchi più desti dei tuoi indeboliti.
Volevo che a settant'anni tu vincessi, ti sentissi di nuovo
giovane e forte.

Your shaking hand squeezed the trigger
and the doe fell, trembling.
I covered my ears and unexpected
tears stung my eyes, as I watched you fire
again to finish the quivering animal —
a second shot to the temple, meat
for the winter of your seventieth year.

While you carved, I peed blood into the red
leaves and listened to your knife
scraping bone on stone as sparrows rustled the brush,
and you dissected the doe into meat, all her intricate
muscles bled, her beautiful eyes stilled, her graceful head
a trophy, her skin to be tanned into leather
boots and gloves, her ribs and lungs exposed

like our hearts pumping until they stop soon.
Beyond this autumn, a laser knife will carve
my breast, remove a tumor to determine
if time is benign, and if it is,

I will cook for you the delicate venison
which I won't taste, as I eat less meat
and you grow old tasting the hunt. You,

controlling death by giving it and I, by giving
into it, bleeding more heavily than in my youth,
as I grow beyond the years of fecund mothering —
our different ways of facing death.

I wept like a girl seeing the deer tremble
and your old hands trembling, too, as you carved
its heart out and I knew
                    that you
              are saddened by your necessity,
          hurt like me by autumn's
                          unbearable beauty.

Non salda, la tua mano
premette il grilletto e la daina
cadde, tra tremiti. Mi coprii le orecchie
e lacrime inattese mi bruciarono gli occhi
mentre ti vidi sparare di nuovo
per finire la creatura che aveva i brividi —
un altro colpo alla tempia, carne per l'inverno
del tuo settantesimo anno.

Mentre la filettavi, io sanguinavo nelle foglie rosse
e ascoltavo il tuo coltello raschiare osso su osso
mentre passeri razzolavano nel sottobosco
e tu tagliavi la daina in carne,
tutti i muscoli intricati sanguinanti,
gli occhi belli fermi, il capo aggraziato
un trofeo, la pelle conciata in stivali
e guanti di cuoio, le costole esposte
come i nostri cuori vulnerabili che pompano
per ben presto fermarsi. Dopo questo autunno la lama-laser
mi taglierà il seno e rimuoverà un tumore
per decidere se avrò ancora tempo,
e se è così, cucinerò per te
la delicata cacciagione che io non assaggio,
perché mangio sempre meno carne
e tu invecchi gustando la caccia,
controllando la morte col darla e io cedendo a lei
sanguinando assai di più che nella mia giovinezza,
mentre oltrepasso gli anni di maternità feconde —
i nostri modi diversi di fronteggiare la morte.

Piansi come una bimba a vedere la daina tremare
e tremanti pure le tue vecchie mani
mentre le estraevi il cuore e io sapevo che tu
sei ferito da ciò che ti è necessario,
rattristato come me dalla bellezza
dell'autunno che spacca il cuore.

Translated by Ned Condini

As When Some Silenced Singer Hears Her Aria

— A Sonnet for Vittoria Colonna
Naples/Ischia, 1492–1547

or creatures crawl riding foam to hurry back to salty home,
as oceans pound fruit to pecking pipers,
or shells keep tunes in ear-like chambers,
filled with sand and sea to roam
like songs rejoicing feathered nest and comb
as warm eggs crack chirping hunger, and a child slithers
forth to touch, smell, see, hear earthly cries and laughters
pushed suckling free from nurturing womb —

my tongue is loosed beyond a private caroling, my pen prances
urged by mysterious love as if it had no part in what is sighed
as Earth sings praises through me, my eyes are green sea,
red skies, wildflowers, a child who dances
well when loved beyond the pain of men's tribal wars, pride,
threatened suicide, and bloody rivalry.

Come quando una muta cantante ascolta la sua aria

– Un sonetto per Vittoria Colonna

o creature marine si trascinano galleggiando sulla schiuma per
               ritornare in fretta all'elemento salmastro,
come quando gli oceani frantumano la frutta per uccelli beccanti
o conchiglie che custodiscono le loro melodie nelle trombe
                        d'Eustachio
riempite di sabbia e di mare per vagabondare
al pari di canti che gioiscono in nidi pieni di piume
mentre uova ancora calde si rompono a becchi affamati, e un
                       bimbo scivola
fuori per toccare, odorare, vedere, sentire pianti e risate del mondo
mentre succhia liberamente dal seno materno –

la mia lingua si libra oltre queste private carole, la mia penna
                       s'impenna
spinta da un amore misterioso come se non facesse parte di questo
mondo sospiroso mentre la Terra canta attraverso il mio canto,
                     i miei occhi
sono verdemare, cielirossi, fiori selvatici, un bimbo sa ballare bene
quando è amato aldilà del dolore di guerre tribali, aldilà
dell'orgoglio, di minacciati suicidi e sanguinose rivalità.

Translated by Luigi Fontanella

Since September 11th 2001 in My City

Since September 11th 2001 in My City

 — after reading Wendell Barry

When terror festers in me
and my eyes open at a strange noise
in the midst of night
frightened of my coming death
or what my child's life will become,
I go to the woods to listen for the loon's
call on the lake and sit by the lull
of the lapping waters, glistening
where the great blue heron fed in the day.

I come alone among
the concord of the wild world,
and realize that birds and fish do not
upset their lives with politics
or imagined grief to come.
I sit soothed by the waving water
of the deep lake and listen
to the tiny songs of insects,
until I feel the distance
of stars as I reach out to them
amidst the boundless
mystery of space full
of the smell of burning stars.

I know that many stars I see —
millions of light years away —
have died long ago
and been seen by lovers longer
than I can ever live. I come
into the presence of a immense uni-
verse, feel the confinement
of my spirit left behind in my bed,

Dopo l'11 settembre 2001 nella mia città

Quando il terrore cova in me
e i miei occhi si aprono per uno strano rumore
nel cuore della notte
atterrita dalla mia morte vicina
o da cosa diventerà la vita di mia figlia,
vado nei boschi per ascoltare il verso
della strolaga sul lago e per sedermi
accanto alla quiete dell'acqua che sciaborda, luccicante
laddove il grande airone azzurro ha trovato cibo durante il giorno.

Vengo da sola tra
i concord del mondo selvatico,
e mi rendo conto che gli uccelli e i pesci
non turbano la loro vita con la politica
o un immaginato dolore a venire.
Siedo blandita dall'acqua mossa
del lago profondo e ascolto
l'esile canto degli insetti,
finché non sento la distanza
delle stelle mentre mi tendo verso di esse
tra lo sconfinato
mistero dello spazio pieno
dell'odore di stelle che bruciano.

So che molte delle stelle che vedo —
lontane milioni di anni luce —
sono morte molto tempo fa
e sono state viste dagli amanti per più tempo
di quanto possa mai vivere io. Sono nella presenza
di un universo immenso,
sento i limiti del mio spirito
lasciato nel mio letto,

and wait for the great sun to rise.
I rest awake in a vast grace —
free to be in the moment
of my being without pain or regret,
breathing deep of dark pines.
As my spirit sings
the gurgling leap of a fish,

even the owl's feathery swoop
and the mouse's scream as it's gulped
seem in their place.

e aspetto che sorga il grande sole.
Riposo sveglia in una vasta grazia —
libera di essere nel momento
del mio essere senza dolore o rimpianto,
respirando profondamente gli scuri pini.
Mentre il mio spirito canta
il salto frusciante di un pesce,

anche il piombare piumato del gufo
e lo strillo del topo mentre viene inghiottito
sembrano al loro posto.

Translated by Luigi Bonaffini

Naming the Dead
— Letter from Iraq

"Why did I kill or be killed?" Yusef asks
in the way of young warriors
who fight for moneyed old men.

"Only when we're resistance fighters who defend
should we kill or be killed." he says. "We fight
for castles far on a hill where we'll never dine as guests,

slender blond women with soft hands sparkling
with diamonds, apple-cheeked children smiling
who live amidst rose gardens and swimming pools.

Ah, we are fools to die for those who never ask us
to their dining rooms! We kill as trained robots
bayoneting "the enemy's" pregnant bellies,
the hearts of fathers who look like my father —

so corporate bosses and cool dictators make black
gold from bleached bones lying in lakes of oil.

All night women wail around ruined houses
full of buried skulls and crushed babies. Always,
there's the one with no name lying in the street
who looks like me and from this war wins only doom.

I, who kill on command, live in vain. Open eyes
of a dead one, stare, through my dreams asking me
his name? And, I, who was bought to kill, can't tell him.

His astonished face empty of its soul gapes
through my days. His spirit hovers over
me, beseeching, wondering, moaning —

startled out of life by my gun. It's tongue
of fire drips gold, coating oil moguls' plush
red rugs with our guts."

Dare un nome ai morti
— La lettera di Yusef dall'Iraq

"Perché ho ucciso per non essere ucciso?" domanda Yusef
come fanno i giovani guerrieri
che combattono per vecchi pieni di soldi.

"Solo quando ci battiamo per la resistenza e difendiamo
dovremmo uccidere per non essere uccisi," dice. "Combattiamo
per castelli su una collina lontana dove non saremo mai invitati a pranzo,

donne bionde e snelle dalle mani morbide risplendenti
di diamanti, bambini sorridenti dalle guance di mela
che vivono tra giardini di rosa e piscine.

Ah, siamo sciocchi a morire per coloro che non ci invitano mai
nelle loro sale da pranzo! Ammazziamo come automi ben addestrati
infilzando con le baionette le pance gonfie del "nemico",
cuori di padri che assomigliano a mio padre —

così i capi di azienda e impassibili dittatori trasformano in oro
nero le ossa sbiancate che giacciono in laghi di petrolio.

Tutta la notte le donne si lamentano intorno alle case distrutte
piene di teschi sepolti e bambini schiacciati. C'e sempre
qualcuno senza nome disteso nella strada
che mi somiglia, e in questa guerra vince solo la sciagura.

Io, che uccido su ordine, vivo invano. Gli occhi aperti
di un morto fissi sui miei sogni mi chiedono il suo nome?
Ed io, che sono stato comprato per uccidere, non posso dirglielo.

Il suo volto attonito vuotato d'anima squadra
i miei giorni. Il suo spirito aleggia su di me,
implorando, interrogando, gemendo —

strappato a sorpresa dalla vita dal mio fucile — La sua
lingua di fuoco gocciola oro, cospargendo i tappeti
lussuosi e cremisi delle nostre budella."

Translated by Luigi Bonaffini

April Loon

One lone loon,
tweedy and flecked with white,
glides along the lake —
her dark dagger beak poised
to spear a silvery fish as she dives deep to hide
from the Canada goose who swims too near.

After a long wait, she surfaces far off.
Ancient heavy boned bird, different from all the rest,
superb diver, odd singer, singing your nightly tune,
like me reborn and loony with the beauty of spring,
after a sudden heart seizure, knowing
blood circulates poorly now as wrinkles
prepare me to ask less of life.

Little peach beak of the goldfinch, yellow
as my forsythia bush
which droops its fountains of bright
blossoms over the walk,
crimson cardinal flower and bird, sun rise
and sunset of amazing green
and yellow visions of thawing woods.
It is enough that April comes again
like an idiot babbling and strewing flowers,
reminding me it's enough to live
like a loon alone on a cool lake,
just to see the bank swallows swoop,
the iridescent tree swallows sail
across the azure sky, the heron leap up
with the loon's cry. Loony am I,

adrift on this lake, with

Folaga d'aprile

Svolazza solitaria una folaga sul lago.
Smarrita lontano da ogni compagno
porta un vestito alla moda di tweed nero
a quadri punteggiato di bianco.
Ha il becco nero a stiletto pronto
a infilzare un pesce d'argento mentre si tuffa nel profondo
per nascondersi da un'oca canadese che le nuota troppo vicino.

Dopo una lunga attesa, riemerge lontano.
Uccello antico dall'ossatura pesante, diverso da tutti,
tuffatore splendido, vecchia cantante, come te, io canto il mio
tempo strambo,
folle per la bellezza della primavera, la rinascita
fra le paure d'un cuore indebolito. Il sangue
circola stanco, adesso, mentre le rughe mi rendono pronta.

Beccuccio di pesca del cardellino, giallo come il mio cespuglio
di forsizie
che si adagia sul muro con le sue fontane di fiori splendenti,
fiore e uccello rosso cardinale, alba
e tramonto di colore naturale, meraviglie di verdi magnifici
e gialle visioni di boschi che si sgelano —
mi basta che aprile ritorni
come un idiota che ciarla e sparge fiori, aprile
il mese più tenero,
mi fa ricordare che basta
vivere come una folaga solitaria persa sul freddo di un lago,
solo per vedere le rondini a riva volare in picchiata,
le rondini di bosco iridescenti veleggiare nell'azzurro del cielo,
l'airone sussultare al grido della folaga, folle folaga sono io,
persa sul lago, il tempo adesso una minaccia mentre io
annuncio le mie ultime grida.
Cantate per me, passerotto e tordo del bosco,
cantate le vostre dolci cadenze, risuonate i vostri piccoli flauti
mentre io rido come una folaga persa fra bocche di leone e anemoni
e cerco le anatre che volano timorose, strisce d'ali bianche
contro un cielo scuro sagomato, in alto sempre più in alto,
non un volo maldestro come la folaga dinosauro,

time a threat now as I dream my last cries.
I'm tired of diving down and rising up
to gulp a silvery fish. I want to float, heavy
boned on the deep water, no waves, no wind,
only gentle balmy ripples of spring.
I can't grieve for all the unplanted trees,
the children that didn't come from me,
let me fall on my knees in the grass
and rest in the meadow on an old deer path.

Sing song sparrow, and wood thrush,
sing your sweet tunes, sound your small flutes
while I laugh like a loon lost in dandelion wine
and wood anemone, searching for wood ducks
who flee claws or jaws to fly, white wing stripes
on a dark silhouetted sky, high and higher,
no clumsy flyer like the dinosaur loon,
lost in its own wild and plaintive tune,

— singing a nocturnal laugh of how the last
first green of life, last noon of sun,
last glimpse of light
matter.

persa nel suo selvatico e triste lamento.
Sono stanca di tuffarmi e risalire
per ingoiare un pesce d'argento. Voglio galleggiare,
pesanti le ossa sull'acqua profonda, senza onde, senza vento,
soltanto le increspature dolci e gentili della primavera.
Non posso piangere per le bombe che potevano essere alberi,
i bambini che non ho mai partorito,
lasciatemi cadere in ginocchio sull'erba
e dormire sul prato lungo il sentiero d'un vecchio cervo.

Cantatemi i canti della folaga folle
una risata notturna per l'ultimo
primo verde della vita, l'ultimo mezzogiorno del sole,
l'ultimo barlume di luce che sembrano avere un valore.

Translated by Irene Marchegiani

Rhapsody for a Young Poet

— for my young student who threatened suicide, 1989

As if the body were not a space lit against the dark,
glow on hand, smile or song, a house of kindness
in a sea of Bosch delights, and possible pastorals,
you tell me that you have been in deep despair of late —
as if life were not too short to think of ending it
                          before our breathless fate.

I remember deep depressions of my
youth, which still come to me, too,
when corpses rot on battlefields and images
of the dead tortured out of breath and bread
and truth, make me feel that all's nothing worn
through to the brim, grim in waste and hate,

and so I think of death as comfortable sleep
that would free me from the search to be free
and the hope to be all that I know I could be
in a better world on earth. But there is only one you
who has ever been uniquely you
to sing your special song
and point a way, differently
from every other pained and troubled
poet who has lived in a maddening gyre
lost from the falconer's call.

Tom, we need you to say
how gorgeous and terrible, how like roses
or spilled oil on the backs of rotting otters,
or whales frolicking in song or dying dolphins,
how astounding and awful, how blue and white
the clouds are to you. Time for each
of us is always very short and there are

Rapsodia per un giovane poeta
— per il mio studente che minacciava di suicidarsi

Come se il corpo non fosse uno spazio acceso contro il buio,
barlume sul sorriso, labbra di una canzone, una casa di gentilezza
in un mare di delizie Boschiane, e possibili pastorali,
mi dici che ultimamente sei caduto in una profonda disperazione —
come se la vita non fosse troppo corta per pensare di metterci fine
prima del nostro affannoso fato.

Ricordo le profonde depressioni della mia
giovinezza, che ritornano ancora anche a me,
quando i cadaveri marciscono sui campi di battaglia e le immagini
dei morti a cui la tortura ha strappato il respiro e il pane
e la verità, mi fanno sentire che tutto è niente
logorato fino al bordo, truce nello spreco e nell'odio,

e così penso alla morte come a un tranquillo sonno
che mi liberi dal cercare la libertà
e la speranza di essere tutto ciò che so di poter essere
in un mondo migliore sulla terra. Ma di te ce n'è uno solo,
uno che sia stato unicamente te
a cantare la tua singolare canzone
e mostrare una strada, diversamente
da ogni altro mesto e turbato
poeta che sia vissuto in un esasperante giro
perso al grido del falconiere.

Tom, abbiamo bisogno di sentirti dire
quanto siano splendide e tremende, come rose
o olio versato sulla schiena di lontre in putrefazione,
o balene che si dilettano in canzoni o delfini morenti,
quanto siano stupefacenti e orribili, azzurre e bianche
le nuvole per te. Il tempo per ognuno
di noi è sempre così breve e ci sono

the blind or crippled who find courage
against all chance to go on making poetry —
and you are whole and beautiful in body
strong and bright in spirit, a sensitive
soul come forth from the spark of your father
in the womb of your mother
who loves you and needs you to go on
as son, a young man growing toward
the time of fatherhood, a great blessing
of this haunting life ahead. Think how your
children to be are longing to be with you
here to see all the marvels of this glistening planet
swirling in the sun, twirling with frolic
and glee for baby beings, kittens, puppies,
your human son or daughter waiting to see, feel,
touch, taste, hear all the songs to be sung

and resung, all the love to be felt, all the orgasmic
gifts to be given, still waiting to explode
like opening carnations from the groin
of what's to come still ahead, a puzzling
poignant and thrilling adventure waiting
for you to live it — full of spring
thunderstorms and winter crystals,
chilled like sparkling diamonds, hot

as hell and cool as calm the days will come,
some brilliant, full of wheat and ferns,
some grey with clouds and clods drooping ivy —
friends who burn out before they taste fate —
as pebbles pounded by relentless seas wash away.

We need you with us, a new poet coming up
the ladder to peek beyond the peaks
and live and thrill to give life back
to life, recycling flesh to flesh,
song from song, hand given to smile,
the body a space lit from the dark,
an orchid waiting to be all that you may be

i ciechi e i disabili che trovano il coraggio
contro ogni probabilità di continuare a scrivere poesia —
e tu sei intero e bello nel corpo
forte e lucente nello spirito, un'anima
sensibile uscita dalla scintilla di tuo padre
nel grembo di tua madre
che ti ama ed ha bisogno che tu continui
a essere suo figlio, un giovane che cresce
e s'avvicina il tempo della paternità, una grande fortuna
di questa paurosa vita a venire. Pensa al forte
desiderio che i tuoi futuri figli avranno di essere
qui con te per vedere tutte le meraviglie di questo rilucente pianeta
che vortica nel sole, girando allegramente
per gli esseri appena nati, i gattini, i cuccioli,
il tuo figlio o figlia umani che aspettano di vedere, sentire,
toccare, assaporare, udire tutte le canzoni da cantare

e cantare ancora, tutto l'amore da provare, tutti i regali
orgasmici da fare, che aspettano ancora di esplodere
come garofani che si aprono dai lombi
di ciò che deve ancora venire, un'avventura sconcertante
intensa ed emozionante che attende di essere vissuta da te —
pieni di temporali primaverili e di cristalli invernali,
ghiacciati come diamanti risplendenti, caldi

come inferni e freschi come la calma verranno i giorni,
alcuni brillanti, colmi di grano e felci,
alcuni grigi di nubi e d'edera ripiegata sulle zolle —
amici che si bruciano prima di mettere alla prova il fato —
come ciottoli che implacabili mari portano via.

Abbiamo bisogno di te, qui con noi, un nuovo poeta
che si arrampica sulla scala per scrutare oltre le cime
e per vivere e sentire l'emozione di ridare vita alla vita,
riciclando carne a carne,
canzone da canzone, mano data al sorriso,
il corpo uno spazio acceso dal buio,
un'orchidea in attesa di essere tutto ciò che puoi essere

before greed steals the forests from the rain,
the leaves from the sun,
on this, perhaps the only teardrop
of love set to laughter,
sight, touch, taste, smell, sound —

this small round planet of perceptions
in silent space, full of contrasts,
joys unknown except through sorrow,
spinning with you on board where we need
you, one more unique pair of eyes and ears
telling us to live on
as long as we can breathe, as long
as we can seethe with love
and share words as symbols of all
we hope to be, all we might
become with you a part of the sum,

letting death come when it comes
and not before the small space
of time set aside for you to join the race
with arms to hug and hold, lips to sing,
tongue to taste, eyes and hands to write
and right hearts to believe beyond all doom

that there is still a little room for hope
the thing with feathers perched and chirping out
at least a sparrow's tune of peace,
perhaps a nightingale's subtle song
undoing some of the wrong, convincing
light and color to go on in you and us,

one more voice to *sing the body electric,*
to celebrate yourself with us, poets who
have often known the suicidal pain — a refrain
of lost hope, a dirge that strains to strangle
in the throat choked all to nothing —

prima che la cupidigia rubi le foreste alla pioggia,
le foglie al sole,
su questa, forse la sola lagrima
d'amore pronta al riso,
alla vista, al tatto, al gusto, all'olfatto, al suono —

questo piccolo tondo pianeta di percezioni
nello spazio silenzioso, pieno di contrasti,
gioie sconosciute tranne che nel dolore,
che ruota con te a bordo dove c'è bisogno di te,
un altro particolare paio di occhi e orecchie
che ci dicono di continuare a vivere
fino all'ultimo respiro, finché
possiamo fremere d'amore
e condividere parole come simboli di tutto ciò
che speriamo di essere, che potremmo
diventare con te parte del tutto,

lasciando che la morte venga quando verrà
e non prima del piccolo spazio
di tempo riservato per te per unirti alla corsa
con le braccia per abbracciare e stringere, le labbra per cantare,
la lingua per gustare, gli occhi e le mani per scrivere
e i cuori giusti per credere oltre ogni triste sorte

che ci sia ancora un po' di spazio per la speranza
la cosa con le piume appollaiata che cinguetta
almeno la canzone di pace di un passero,
forse il canto sottile di un usignolo
che ripara parte del torto, convincendo la luce
e il colore a perdurare in te e in noi,

un'altra voce ancora a cantare il corpo elettrico,
celebrare te con noi, poeti che
hanno conosciuto spesso il dolore del suicidio —
un ritornello di speranza perduta, un canto funebre
che si sforza di strozzarsi nella gola tutta soffocata —

except that, Tom, you have the will
to thrill with binding spell, avoiding visions
of catastrophe, dreaming of survival, beyond
nuclear nightmares, brave with fears, looking
the tiger in the eye, a maker of the change

still within range of possible futures full
of rain forests replanted and throbbing
with flowers, birds and words,
sung against the dark, rescued whales and otters,

your own spark to come unto the spark of her,
the woman of this earth born now and waiting
to find you, the father to her mother, the brother
to her sisterhood, a man
to her womanhood, the singer
who will share her melody until
its done; your life has just begun.

She needs you to protect her — blue
and dancing round the sun,
wet with rain and oceans, tears, fears full
of poetry and trees, she's somewhere waiting
on her knees, a prayer that you'll find
her whispers in her night.

She wants you to give her back to herself,
to share the mystery until she's blossoming
with new seed, a new spring sprung, a life
like your own, asking you to be kind
to her, to life herself, to triumph
with her over slaughter and greed.

When you are retching on despair, Tom,
remember her need
of you. She is somewhere
now, lonely without you,
waiting for you to come to her,
to find her and live with her
like flowers bloomed from graves.

salvo che, Tom, tu hai la volontà
di entusiasmarti con un incanto che trascina.
evitando visioni di catastrofi, sognando la sopravvivenza,
oltre incubi nucleari, coraggioso di paure, guardando
la tigre negli occhi, artefice del cambiamento

che ancora possibile di futuri pieni
di foreste tropicali ripiantate e palpitanti
di fiori, di uccelli e parole,
cantate contro l'oscurità, balene e lontre salvate,

la tua propria scintilla che cadrà sulla scintilla di lei,
la donna di questa terra nata ora che attende di trovarti,
tu padre e lei madre, fratello e sorella,
uomo e donna, il cantante
che condividerà la sua melodia fino
alla fine; la tua vita è appena cominciata.

Bisogna che tu la protegga — blu
che danza intorno al sole,
bagnata di pioggia e oceani, lagrime, timori
pieni di poesia e di alberi, lei attende
in ginocchio da qualche parte, una preghiera
che tu troverai i suoi sussurri nella notte.

Vuole che tu la ridia a se stessa,
per condividere il mistero finché non sbocci
in lei un nuovo seme, finchè non nasca una nuova
primavera, una vita come la tua, che ti chiede
di essere gentile con lei,
con la vita stessa, per trionfare
con lei sul massacro e la cupidigia.

Quando la disperazione ti soffoca, Tom,
ricorda il suo bisogno di te.
Lei ora è in qualche luogo,
si sente sola senza di te,
attende che tu vada da lei,
la trovi e viva con lei
come fiori sbocciati da tombe.

Translated by Luigi Bonaffini

The Peach Through the Eye of the Needle

1.

The peach
is a belly dancer's fruit.
It, too,
possesses a navel
for seeing the world through the skin,
has rounded buttocks, good
to place against the hand
the way earth
reminds flesh
of its being.

2.

Through the eye of the needle,
death is a country where people wonder
and worry what it is like
to live. The sullen
wish to live and live soon,
to be done with death
and the happy
want to stay dead forever

wondering:
will it hurt
to live

and is there death
after death?

La pesca attraverso la cruna dell'ago

1.

La pesca
è un frutto da danzatrice del ventre.
Anche lei
possiede un ombelico
per vedere il mondo attraverso la pelle,
ha natiche arrotondate, buone
da mettere contro la mano
nel modo in cui la terra
ricorda alla carne
del suo essere.

2.

Attraverso la cruna dell'ago,
la morte è un paese dove la gente si meraviglia
e si preoccupa su cosa è
vivere. Il torvo
desiderio di vivere e vivere presto,
di averla fatta finita con la morte
e il felice
desiderio di rimanere morto per sempre
chiedendosi:
farà male
vivere
e là c'è morte
dopo la morte?

Translated by Elisa Biagini

Orta Nova, *Provincia di Puglia*

"Land of bright sun and colors,"
you're called in *Italia*.
Near Bari and Brindisi where the ferry
has travelled the *Adriatico*,
to and from Greece for centuries.
Orta Nova, city of my dead father's birth.
How strange to view you, *piccolo villaggio*,
with ladybugs, my talisman, landed on my shirt.

They show me your birth
certificate — "Donato Gioseffi, born 1905,"
scrawled in ink, on browning paper.
When I tell them I'm an author, first of my American family
to return to my father's home, I'm suddenly "royalty!"

They close the *Municipio* to take me in their best town car
to an archeological dig near the edge of the city.
There, the Kingdom of Herdonia, unearthed with its brick road
leading to Rome, as all roads did and still do,
back to antiquity's glory! Ladybugs rest on me at the dig
of stone sculptures the Belgian professor shows me. I buy his book,
"The Kingdom of Herdonia: Older Than Thebes."

Ah, *padre mio,* the taunts you took as a thin,
diminutive, "guinea" who spoke no English
in his fifth-grade class
from brash Americans of an infant country!

You never returned to your ancient land where now the natives,
simpatici pisani, wine and dine me in their best
ristorante. I insist on paying the bill. They give me jars
of *funghi* and *pimento* preserved in olive oil — their prize
produce to take back home with me. They nod knowingly,
when in talking of you, I must leave the table to weep —
alone in the restroom, looking into the mirror
at the eyes you gave me, the hands so like yours
that turn the brass faucet

Orta nova, provincia di Puglia
— per Donato Gioseffi

"Terra di sole lucente e di colori,"
ti chiamano in Italia.
Vicino a Bari e Brindisi dove il traghetto
ha scorrazzato l'Adriatico diretto
in Grecia e ritorno per secoli.
Orta Nova, città dove mio padre morto nacque.
Com'è strano vederti, piccolo villaggio,
con coccinelle, mio talismano, atterrate sulla blusa.

Mi mostrano il tuo certificato di nascita —
Donato Gioseffi, nato nel 1905 —
scarabocchiato a penna, su carta che ingiallisce.
Quando gli dico che sono una scrittrice, prima della famiglia americana
a ritornare alla casa paterna, di colpo sono nobile!
Chiudono il Municipio per portarmi nella loro limo più bella
a uno scavo archeologico ai bordi della città.
Ed ecco il Regno di Herdonia, riscoperto con la sua strada di mattoni
che portava a Roma, come tutte le strade allora ed ora,
alla gloria dell'antico! Coccinelle riposano su di me allo scavo
di sculture in pietra che il professore belga mi mostra.
                                        Compro il suo libro,
"Il Regno di Herdonia: Più antico di Tebe."

Ah, padre mio, i dileggi che sopportasti
— magra, piccola cavia che non parlava inglese
nella classe di quinta elementare — da parte
di americani arroganti di una terra neonata!
Non ritornasti mai alla tua terra vetusta dove i nativi,
simpatici paesani, mi dan da mangiare e bere nel loro
ristorante migliore. Insisto a pagare il conto. Mi regalano
barattoli di funghi e pimento in olio d'oliva — il loro prodotto
pregiato perché lo porti a casa. Ammiccano consci,
quando parlano di te, devo lasciare la tavola per piangere —
sola in bagno, guardando nello specchio
gli occhi che mi desti, le mani così uguali alle tue
che aprono il rubinetto di ottone

and splash cold water over my face.
For an instant, in this foreign place, I have met you again,
Father, and have understood better, your labors,
your struggle, your pride, your humility,
the peasantry from which you came to cross the wide
sea, to make me a poet of New York City.
Which is truly my home?

This *piccolo villaggio* near Bari, with its old university,
the province where Saint Nicholas's Turkish bones are buried,
in hammered-gold and enameled reliquary,
the province of limestone caves full of paintings older than
                                                    those of Lescaux,
this white town of the Gargano, unspoiled by *turisti,* this land of color
sunlight and beauty. This home where you would have been happier
and better understood than in torturous Newark tenements of
                                                    your youth.
This land of sunlight, blue sky, pink and white flowers, white
                                                    stucco houses,
and poverty, *mezzogiorno,* this warmth you left to make me
a poet from New York City, indifferent place,
mixed of every race, so that I
am more cosmopolitan
than these, your villagers, or you
could ever dream of being.

This paradoxical journey
back to a lost generation
gone forever paving the way
into a New World
from the Old.

e mi spruzzano acqua fredda sul viso.
Per un attimo, in questo luogo forestiero, ti ho incontrato
di nuovo, Padre, e ho capito meglio le tue fatiche,
la tua lotta, il tuo orgoglio, la tua umiltà,
la gleba da cui venisti per attraversare
il vasto mare e far di me una poetessa di New York.

Qual è la mia casa vera? Questo piccolo villaggio,
vicino a Bari, con la sua vecchia università,
la provincia dove le ossa turche di San Nicola
sono sepolte, in un ossario smaltato, stiacciato in oro,
la provincia di cave d'arenaria prodighe di affreschi
più antichi di quelli di Lescaux,
questa bianca città del Gargano, non sciupata da turisti, questa terra
di colore bellezza e solarità. Questa casa dove tu saresti stato
                                                    più felice,
e compreso meglio che nei torturanti casoni di Newark della
tua giovinezza. Questa terra di sole, cieli azzurri, fiori
bianchi e rosa, case di stucco bianche,
e povertà, il mezzogiorno, questo calore che mi lasciasti
per far di me una poetessa di New York, sito indifferente,
miscuglio di tutte le razze, così che io
sono più cosmopolitana dei tuoi
compaesani o di quanto
tu potesti mai sognare di essere. Questo viaggio
paradossale all'indietro verso una generazione smarrita
per sempre sparita forgiando una strada
dal Vecchio verso il Nuovo Mondo.

Translated by Ned Condini

ABOUT THE AUTHOR AND TRANSLATORS

Daniela Gioseffi is an American Book Award winning author of eleven books of poetry and prose. Her first book, *Eggs in the Lake* (Rochester, NY: BOA Editions) won a New York State Council for the Arts grant award in poetry. She has also had a NYSCA grant for performance poetry and reads widely throughout the USA and Europe, often appearing on NPR or WNYC as well as other radio and TV stations. Her second and third collections, *Word Wounds and Water Flowers* and *Going On,* were published by VIA FOLIOS, and *Symbiosis* was from Rattapallax, NY (2002).

Though an independent voice on the American poetry scene for over 35 years, she has received excellent reviews for her poetry in varied venues and from accomplished poets of different schools and styles of poetry, i.e., Stanely Kunitz and William Meredith, who put her among the finalists for the Yale Series in the early 1970s; Muriel Rukeyser, who praised her as a finalist for the Pitt Poetry Series; Nona Balakian, formerly of *The New York Times Book Review,* for whom the NBCC Reviewer's Award is named; Galway Kinnell; Grace Paley; D. Nurkse; Leo Connellan; Milton Kessler; Bob Holman; Philip Appleman; John Logan; Donna Masini; and Nina Cassian, to name a few.

Daniela's work appeared in *The Paris Review, Chelsea, Antaeus, The Nation, Priarie Schooner, The Cortland Review, Descant* (Canada), *Ambit* (England), and *Poetry East,* among many magazines and several e-zines. Her interviews with accomplished poets are also widely published. Her American Book Award winning anthology *Women on War: International Writings,* originally a Touchstone/ Simon & Schuster publication, was reissued in an all new edition by The Feminist Press (New York, 2003). Daniela edits www.Poets USA.com and has published literary criticism in varied venues, such as *Hungry Mind Review, Poet Lore, American Book Review, Rain Taxi, The Philadelphia Inquirer,* as well as *VIA.* Her verse was etched in marble alongside that of William Carlos Williams and Walt Whitman on the wall of the 7th Avenue Concourse of Penn Station (2002). Her anthology of world literature, *On Prejudice: A Global Perspective* (New York: Anchor/Doubleday, 1993) was presented at the United Nations and received a World Peace Award award from the Ploughshares Foundation. She has been twice nominated for a Pushcart Prize in poetry.

Daniela is the author of a novel from Doubleday, *The Great American Belly*, optioned for a screen play by Warner Brothers, and published in London and Zagreb, and a collection of stories, *In Bed with the Exotic Enemy*, containing work that received the PEN Syndicated Fiction Award (1995). She has published several translations of Latin American poets including *Dust Disappears*, poems of Carilda Oliver Labra (Merrick, NY: CCC) with a foreword by Gregory Rabassa. Gioseffi received a Lifetime Achievement Award from the Association of Italian American Educators in 2003 for her many years of teaching and publishing creative writing. She is registered with the Dickinson Scholars Registry and is currently completely a novel based on new discoveries about America's best known poet.

Elisa Biagini was born in Florence, Italy in 1970. She has taught Italian in the US at Rutgers University (where she earned the PhD), Gettysburg College, Barnard College-Columbia University, and in Italy at Pepperdine University and New York University. Her poetry, in both Italian and English, has appeared in various Italian and American journals, such as *Poesia, Linea d'ombra, Versodove, Atelier, Rattapallax, Lungfull, Women's Studies,* and others. She has published three books of poetry, the most recent a bilungual edition, *Corpo-Cleaning the House* (2003), and her work has also appeared in various anthologies such as *VI Quaderno di poesia italiana* (1998) and *L'opera comune* (1999). She has also translated widely from English much contemporary American poetry. In 2001, she edited and translated an edition of Alicia Ostriker's poetry and prose, *Milk,* and in 2002 Sharon Olds's *Satana dice.* Biagini's latest collection of poetry, *L'ospite,* was published by Einaudi (2004).

Luigi Bonaffini is professor of Italian at Brooklyn College. He was awarded the 2003 Italian National Translation Prize, given by the Ministry of Cultural Affairs, and the 2004 Translation Prize by the Ministry of Foreign Affairs. Bordighera Press awarded him a prize and citation for distinguished achievement in translation (2002), the year in which he was commissioned to translate Stephen Massimilla's book, *Forty Floors from Yesterday,* a Bordighera Poetry Prize winner. His publications include *La poesia visionaria di Dino Campana* (1980) and translations of Dino Campana (*Orphic Songs and Other Poems,* 1992 and 2003); Mario Luzi (*For the Baptism of Our Fragments,* 1992; *Phrases and Passages of a Salutary Song,* 1998; *Earthly and Heavenly*

Journey of Simone Martini, 2003); Vittorio Sereni (*Variable Star*, 1999); Giose Rimanelli (*Moliseide*, 1991; *Alien Cantica*, 1995; *Jazzymood*, 1999); Giuseppe Jovine (*The Peacock/The Scraper*, 1994); Achille Serrao (*The Crevice*, 1995; *Cantalesia*, 1999); Eugenio Cirese (*Molisan Poems*, 2000); Cesare Ruffato (*Selected Poems*, 2002); Albino Pierro (*Selected Poems*, 2002); and Carlo Felice Colucci (*Selected Poems*, 2003). He edited the trilingual anthology *Dialect Poetry of Southern Italy* (1997), and co-edited *Via terra: An Anthology of Contemporary Italian Dialect Poetry* (1999); *Poesia dialettale del Molise* (1993), a trilingual anthology of poetry in the Molisan dialect; and, with Achille Serrao, *Dialect Poetry of Northern and Central Italy* (2001) and *Neapolitan Poetry from the 16th Century to the Present* (2005).

Ned Condini, writer, translator, and literary critic, was born in Turin, Northern Italy. In 1976, he moved to New Jersey in voluntary exile and became an American citizen. Visiting professor at East Texas State University and at Vassar College, Condini was the recipient of the PEN/Poggioli Award for his translations of poet Mario Luzi (New York, 1986). His short stories and poems have appeared in *Translation, New York, The Mississippi Review, Prairie Schooner, The Partisan Review, Mid-American Review, Negative Capability, Italian Americana, Chelsea, Yale Review,* and *The Village Voice.* In 1994, Condini's collection of poems, *Rimbaud in Umbria,* was published by Multigraf (Venice) and, in 1996, his collection *Quartettsatz* was published by Bordighera Press. At present, he is completing his third novel, *Tornado,* and a selection of modern and contemporary Italian poetry (1855–1955) for the Modern Language Association of New York. Condini is the translator of *And Songsongsonglessness,* by Jane Tassi, winner of the 2002 Bordighera Poetry Prize. His most recent work is *La morte e la fanciulla,* Maremmi Editore, Florence, Italy, 2005.

Luigi Fontanella, born in Salerno, Italy, in 1943, studied at the University of Rome and at Harvard, where he earned the PhD in Romance Languages and Literatures. He has served as a Fulbright Fellow (Princeton University, 1976–1978), and has taught at Columbia, Princeton, and Wellesley. Founder and President of the Italian Poetry Society of America, Fontanella is the editor of *Gradiva* (Stony Brook, NY), an international journal of Italian poetry. He is professor of Italian Language and Literature at the State University of New York at Stony Brook, on Long Island, and has published work in *Chelsea* and *Yale Italian Poetry* among numerous other journals.

He has published eleven books of poetry, two books of fiction, and six books of criticism. His latest book of poetry is *Angels of Youth,* translated from the Italian by Carol Lettieri and Irene Marchegiani (Riverside: Xenos Books, 2000). Another collection of poetry, translated by several writers, is forthcoming from Chelsea Editions.

Before coming to The State University of New York at Stony Brook, *Irene Marchegiani* was a Professor of Italian at California State University, Long Beach. Born in Pescara and educated at the University of Florence, she holds a PhD in Romance Languages and Literatures including German and Russian. Her publications include a book of her own poetry, *La vita in cerchio* (Rome: Stango, 2004); a bilingual anthology of Luigi Fontanella's poetry edited by Irene Marchegiani, *Land of Time* (New York: Chelsea); an edited volume, with Thomas Haeussler, *The Poetics of Place: Florence Imagined* (Florence: Olschki, 2000); *Incontri Attuali,* co-authored with Francesca Italiano (Holt, Rinehart and Winston, 1991); and *Crescendo!* (Lexington: Heath, 1994). Her published translations include *Promises of Love,* with Carol Lettieri, selected poetry by Plinio Perilli (New York: Gradiva, 2004); *Aminta. A Pastoral by Torquato Tasso,* with Charles Jernigan (New York: Italica, 2000); *Angels of Youth,* with Carol Lettieri; *Ceres,* by Luigi Fontanella (Xenos Books, 2000); and *The Star of Free Will* by Maria Luisa Spaziani, with Carol Lettieri (Montreal: Guernica, 1996). In 2002, *Aminta* was awarded the prestigious Italian Monselice "Diego Valeri" prize for translation.

VIA FOLIOS

A refereed book series dedicated to Italian studies and the culture
of Italian Americans in North America.

Published by BORDIGHERA, INC., an independently owned not-for-profit
scholarly organization that has no legal affiliation to the University of Central
Florida, Florida Atlantic University, or State University of New York — Stony Brook.

Printed in the United States
44561LVS00003B/247-297